www.tredition.de

AF203018

Guido Bernhard

Madad und Mimai

**Die außergewöhnliche Geschichte
einer Adoption zweier Kinder
aus der Dritten Welt**

© 2018 Guido Bernhard

Verlag & Druck: tredition GmbH, Hamburg

ISBN
Paperback   978-3-7469-3101-2
Hardcover   978-3-7469-3102-9

KAPITEL:

BOAT-PEOPLE
MUTTER TERESA
DAS WUNDER
MANDELAUGEN
EIN KRAMPF
WEIHNACHTEN
IM DSCHUNGEL
KINDER HABEN EIN RECHT AUF ELTERN

WEISST DU NOCH…
Deutsches Essen - Regina Regenbogen - Die Schlange
Apfelsaft - Schlagfertig - Schöne Frau
Grenzerfahrung - Der Regenschirm - Modenschau
Bildzeitung mit Eis - Späte Pizza -
Bingo - Der Marder

DISKRIMINIERUNG
ZEITRAFFER
ZUFALL

VORWORT

Selbst jetzt wo ich diese Zeilen schreibe, bin ich mir nicht ganz sicher ob ich es tun soll - ein Buch zu schreiben, oder besser gesagt und weniger anspruchsvoll, einen autobiografischen Erfahrungsbericht über die spannende und außerordentlich bewegende Zeit während der Adoption unserer beiden Kinder. Der Buchtitel ist für Außenstehende unverständlich, deshalb der Hinweis, dass ich ganz einfach die Aussprache unserer Kinder gewählt habe, die sie beide füreinander als Kleinkinder benutzten - aber auch, um ihre Anonymität zu wahren.

Lange, sehr lange, habe ich gezögert, gezweifelt und überlegt, das Für und Wider abgewogen, ob ich diese sehr persönlichen und privaten Erlebnisse überhaupt zu Papier bringen kann und darf. Fragen über Fragen taten sich auf: Wie weit darf ich mich mit meinen subjektiven Empfindungen hinauswagen, offenlegen und schreiben, was mich damals bewegte, und noch viel ungewisser: wie weit darf ich dies auch für meine Frau zu Papier bringen. Und so suche ich mit meinem Bericht einen vertretbaren, aber ehrlichen Mittelweg zu finden: einerseits meine eigene Sicht der Dinge und die damit verbundenen Empfindungen zu schildern, andererseits aber auch für meine Frau zu schreiben, denn wir haben ja nahezu alles gemeinsam durchlebt und durchlitten, waren zusammen ungeduldig, manchmal sehr niedergeschlagen, waren aber auch überaus glücklich, wenn es neue und gute Nachrichten gab.

Ausschlaggebend für diese wahre Geschichte waren jedoch die vielen Ermutigungen von Freunden, Bekannten und Verwandten, die eine mündliche Schilderung der Ereignisse von damals und meine abschließende Bemerkung „wir könnten darüber ein Buch schreiben" stets mit dem Hinweis bekräftigten „das solltest Du tun".

Nun, eines Tages wird es zu spät sein, diese Geschichte zu erzählen. Die Gewissheit der Vergänglichkeit des Lebens rückt mit zunehmendem Alter täglich näher. Also tue ich es - ich schreibe die Geschichte nieder, wie meine Frau und ich glückliche Eltern von zwei Kindern aus der Dritten Welt wurden, von „Madad" und „Mimai".

Im Sommer 2016 - Guido Bernhard

BOAT-PEOPLE

Mittlerweile ist es Herbst 2017 geworden. Ein ganzes Jahr ist vergangen, ohne den Anfang gewagt zu haben. Irgendwie habe ich noch ein wenig Bammel, das Buch zu beginnen und Zweifel über die Art des Vorgehens. Nun - endlich - nachdem mir viele Gedanken und Ideen durch den Kopf gingen, habe ich mich doch entschieden, es rasch und mit Elan anzugehen.

Der dicke rote Adoptionsordner ist randvoll mit Unterlagen, die sich im Laufe des Verfahrens angesammelt haben: Kopien, Belege, Quittungen, Notizen und Übersetzungen von 1979 bis 1981. Ihn habe ich über viele Stunden durchgesehen, gelesen und mir Notizen gemacht über das, was mir wichtig erscheint und ich zu Papier bringen will.

Im Sommer 1979 hatten wir uns nach vielen Jahren ungewollter Kinderlosigkeit, unzähligen Gesprächen und reiflicher Überlegung fest entschieden, ein Kind zu adoptieren. Erste Anlaufstelle bei einem solchen Vorhaben ist das zuständige Jugendamt. Einige Wochen nach unserem ersten telefonischen Kontakt saßen wir für

8

ein erstes Gespräch im Büro der Sozialarbeiterin des Jugendamtes und erläuterten zunächst, wie von ihr gewünscht, unsere Beweggründe für eine Adoption. Wir erfuhren, dass aktuell in Deutschland über 20.000 Ehepaare auf die Adoption eines Kindes warteten. Auf der „Wunschliste" ganz oben standen meist Säuglinge und Kleinkinder. Die Chance, in absehbarer Zeit ein Kind adoptieren zu können, wäre innerhalb unseres Kreisgebietes äußerst gering, nahezu aussichtslos. Die Dame empfahl uns aber, uns in größeren Städten wie Frankfurt zu bewerben, dort wäre die Warteliste nicht ganz so lang. Am besten wären jedoch die Chancen in Berlin, weil dort relativ viele Frauen aus der Drogen-szene ihr Kind zur Adoption freigeben würden. Mit dieser ernüchternden Erkenntnis war unsere Hoffnung auf baldigen Nachwuchs merklich gesunken. Der Wunsch nach Kindern war jedoch nach wie vor bei uns beiden ungebrochen.

Vielleicht war es eine Fügung des Schicksals, dass wir nur kurze Zeit später eine TV-Reportage über sogenannte „Boat-People" sahen. Herzzerreißende Bilder flimmerten über den Bildschirm: In Folge des zu Ende gegangenen Vietnamkrieges, dem hektischen Abzug der Amerikaner und der nachfolgenden Säuberungswelle durch nord-vietnamesische Truppen befanden sich fast 1,6 Millionen Menschen, meist Südvietnamesen, auf der Flucht. Große Teile des fernen Ostens waren im Aufbruch. Unzählige Flüchtlinge begaben sich in kleinen, meist überfüllten Booten auf das südchinesische Meer in der Hoffnung auf Hilfe und ein freies Leben in einem anderen Land.

Es war die Geburtsstunde der „Cap Anamur" - ein von Rupert und Christel Neudeck gechartertes seetüchtiges Schiff, das zuvor mit Spendengeldern vom Frachtschiff zum Hospitalschiff umgebaut wurde und mit Ärzten und vielen ehrenamtlichen Helfern am 13. August 1979 im südchinesischen Meer ankam und dort bis 1982 fast 10.000 Menschen rettete und über 35.000 Boat-People medizinisch versorgte.

Vermutlich wurde im Laufe dieser TV-Reportage auch „Terre des Hommes" (TdH) erwähnt, was, aus dem Französischen übersetzt, „Erde der Menschlichkeit" bedeutet. TdH als internationale Hilfsorganisation wurde 1958 mit dem Ziel gegründet, Kindern in Notgebieten mit verschiedenen Projekten zu helfen. Eines dieser Projekte ist die Hilfe für Waisenkinder und verlassene

Kinder durch Adoptionen. Die Charta der Hilfsorganisation TdH besagt unter anderem: „Das Kind wird - wenn möglich in seinem Heimatland, sonst anderswo - ernährt, gepflegt, mit rechten Eltern versorgt und so wieder in ein Leben geführt, das seinen Kinderrechten entspricht."

Dies alles wußten wir bis dahin natürlich nicht. Warum, so ging es uns durch den Kopf, sollten wir uns unbedingt um die Adoption eines Kindes aus Deutschland bemühen mit jahrelangem Warten und ungewissem Ausgang und nicht ein Waisenkind aus der sogenannten „Dritten Welt"? Bald schon waren wir von dieser Idee überzeugt, geradezu begeistert, denn die Bilder der „Boat-People" und das mutige Engagement von TdH hatten wir ja noch immer vor Augen.

Bei einem zweiten Gespräch zeigte sich die Dame vom Jugendamt von dieser Überlegung nicht begeistert. Sie war sehr skeptisch; zu viele Unwägbarkeiten gäbe es wegen der Herkunft eines solchen Kindes, außerdem sei ein Riesenaufwand an Formalitäten damit verbunden. Nun, ein wenig Genugtuung empfanden wir schon, als die gleiche Dame wenige Jahre später, nachdem wir zwei Kinder adoptiert hatten, anderen interessierten Ehepaaren uns beide als Ansprechpartner und Auskunftgeber für die Adoption eines Kindes aus der Dritten Welt empfahl. Einige Male hatten wir daraufhin, meist Sonntagnachmittags zu Kaffee und Kuchen, Adoptionswillige Ehepaare bei uns zu Gast und gaben bereitwillig Auskunft auf ihre Fragen.

Trotz der von Seiten des Jugendamtes vorgebrachten Einwände und Bedenken ließen wir uns in unserem Vorhaben nicht beeinträchtigen. Mit den übers Fernsehen erhaltenen Informationen über diese internationale Kinderhilfsorganisation machten wir uns daran, Näheres zu erfahren, was sich aber sehr bald als recht schwierig erwies, weil zu damaliger Zeit an Internet und „googeln" noch nicht zu denken war. Telefonauskünfte, Bücher und sonstige Informationen führten uns schließlich zur Anschrift des Adoptionsreferats von TdH Deutschland in Osnabrück.

Mit Datum vom 31.07.1979 schrieben wir an besagtes Adoptionsreferat, stellten uns kurz vor und äußerten den Wunsch, ein Kind aus der sogenannten „Dritten Welt" zu adoptieren. Ungeduldig warteten wir auf Antwort. Nur zwei Wochen später, am 13.08.1979, erhielten wir ein vierseitiges Informationsblatt, in dem recht umfangreiche Bedingungen für eine Adoption geschildert wurden, denn „TdH sucht Eltern für Kinder und nicht Kinder für Eltern." Nahezu alles war bürokratisch reguliert und vorgeschrieben: Lebensalter der Eltern, Ehebestand mindestens 2 Jahre, Stabilität im Berufsleben, gesicherte Einkommensverhältnisse, Wohnsituation, gute Gesundheit der Antragsteller, mindestens sechsmonatige berufliche Freistellung eines Elternteiles unmittelbar nach Ankunft eines Kindes, Ankunftsabstand von zwei Jahren für weitere Adoptivkinder oder leibliche Kinder - um nur die wichtigsten Bedingungen zu nennen. Kurzum: wir waren sehr ernüchtert von der Vielzahl der bürokratischen Hindernisse und der voraussichtlichen Wartezeit von etwa zwei Jahren.

Zunächst mussten die Motivation zur Adoption eines Kindes ausführlich schriftlich dargelegt und zwei Fragebögen zur Person ausgefüllt werden. Danach würden wir zu einem Informationstreffen eingeladen werden, das vierteljährlich in einigen Städten der Bundesrepublik für alle Adoptionsbewerber stattfindet. Nur einen Monat später erhielten wir die schriftliche Einladung zu einem solchen Treffen und einige Hinweise

13

auf das weitere Prozedere eines Adoptionsverfahrens, das wie folgt ablaufen würde:

- Nach dem Informationstreffen sollten wir uns entscheiden, ob wir einen Antrag auf Adoption stellen möchten oder nicht.
- Im Falle eines Antrages wird uns anschließend ein Beratungselternpaar zuhause aufsuchen und einen Bericht über uns und den Besuch an TdH senden.
- Danach wird ein Gespräch, möglicherweise auch zwei Gespräche, mit einem Psychologen folgen, der ebenfalls einen Bericht abgeben wird. Nach Vorlage aller Berichte erfolgt die Entscheidung des Adoptionsreferates über unseren Antrag.
- Im positiven Fall wird man, nach Rücksprache mit uns, ein Kind vorschlagen.

Am 20.10.1979 war es soweit. Im Gemeindehaus einer christlichen Pfarrgemeinde in Frankfurt trafen wir an einem Sonntagnachmittag auf einen Saal voller Ehepaare, die allesamt neugierig und aufmerksam den Ausführungen des Adoptionsreferenten von TdH lauschten. Erst nach diesem Informationstreffen sollten sich, wie schon erwähnt, die adoptionswilligen Eltern entscheiden, ob sie ein Antragsformular mitnehmen möchten oder nicht. So manche Informationen über mögliche Behinderungen von Kindern, wie zum Beispiel Sprachfehler, Hospitalismus, Hasenscharte, ausgeprägte Essstörungen, nicht abgeheilte Infektionskrankheiten etc. und die eindringlich vorgetragene Bitte, doch auch Kinder über fünf Jahre zu adoptieren, ließ einige Anwesende aufhorchen. Ebenso der Hinweis, dass es durchaus möglich wäre, dass TdH in absehbarer Zeit keine Kinder mehr zur Adoption nach Deutschland vermitteln könne. Und so nahmen nicht alle Ehepaare, wie wir sahen, ein Antragsformular mit nach Hause.

Neben all den sachlichen und teils ernüchternden Informationen gab es auch Erfreuliches zu sehen und zu hören: Viele sogenannte „Beratungseltern" hatten zu diesem Treffen ihre Kinder mitgebracht, leibliche und adoptierte. Es war schön zu sehen, wie liebevoll sie mit ihren Geschwistern und Eltern umgingen und natürlich auch umgekehrt - so, als wäre es die natürlichste Sache der Welt. Kinder aus Vietnam, Süd- Amerika, Korea und Indien spielten zusammen mit ihren Geschwistern, saßen bei ihren Eltern auf dem Schoß, lachten und weinten und wurden getröstet. Wir sahen, dass ein völlig normales

Eltern-Kind-Verhältnis entstanden war. Das gab uns neuen Mut und viel Zuversicht.

Natürlich hatten wir ein Antragsformular vom Treffen mitgenommen! Schon zwei Tage später füllten wir es aus, stimmten den 27 Punkten zu, in denen alles, was mit der Adoption zusammenhing, aufgelistet und geregelt wurde: von der Übernahme der Betreuungs- und Anwaltskosten im Heimatland, den Flugkosten, der Verpflichtung, nach Ankunft des Kindes einen Kinderarzt aufzusuchen, die Adoption nach deutschem Recht zu beantragen bis zur namentlichen Benennung von „Ersatzeltern" falls wir beide sterben sollten. Ein persönlicher, nicht tabellarischer, Lebenslauf von uns beiden war dem vierseitigen Antrag beizufügen. Einige andere Bescheinigungen und Unterlagen waren zudem erforderlich, um die wir uns umgehend kümmern und dem förmlichen Antrag nachreichen mußten:

- Prüfung der Familienverhältnisse zwecks Aufnahme eines Pflegekindes zur späteren Adoption durch einen Hausbesuch eines Sozialarbeiters des zuständigen Jugendamtes
- Ärztliches Adoptions-Tauglichkeitszeugnis

- Polizeiliche Führungszeugnisse
- Bilder von uns beiden und unserem Haus
- Schriftliche Zusage des Arbeitgebers meiner Frau auf Verzicht der Kündigungsfrist
- Amtsärztliches Gutachten

Mit all unseren Hoffnungen und Wünschen versehen, brachten wir den „Antrag auf Vermittlung eines Kindes zur Adoption" mit unseren beiden Lebensläufen am 22. Oktober 1979 zur Post. Schon eine gute Woche später, am 01. November, teilte uns das Adoptionsreferat von TdH mit, dass als Beratungseltern ein Ehepaar aus dem Rhein-Main Gebiet vorgeschlagen wurde, wir möchten uns mit ihnen zwecks Terminabsprache für einen Besuch in Verbindung setzen.

Am zweiten Adventssonntag, 09. Dezember 1979, begrüßten wir unsere Beratungseltern mit ihren beiden Kindern, eines davon aus Korea, bei uns zuhause nachmittags zu Kaffee und Kuchen und selbst gebackenen Weihnachtsplätzchen. Natürlich ist man in solch einem Fall bemüht, einen guten Eindruck zu hinterlassen - auch, weil wir wußten, dass vom Bericht der Beratungseltern einiges abhing. Und so ergab sich,

Gott-sei-Dank, ein sehr lockeres und entspanntes Gespräch, in dessen Verlauf wir viel über den Werdegang des Verfahrens und einiges über mögliche Schwierigkeiten während der Eingewöhnungsphase eines Adoptivkindes erfuhren. Gegen Abend verabschiedeten wir uns mit einem guten Gefühl.

Weihnachten verbrachten wir in der Hoffnung, dass wir das nächste Weihnachtsfest schon gemeinsam mit einem Kind, mit unserem Kind, feiern könnten.

Das neue Jahr begann vielversprechend, das Verfahren lief offenbar zügig weiter. Mit Datum vom 14.01.1980 erhielten wir vom Adoptionsreferat die Nachricht, daß der Bericht der Beratungseltern eingegangen war. Nun sollte das Gespräch beim Psychologen folgen. Der Bericht der Beratungseltern war demnach positiv für uns ausgefallen, sonst hätten wir keine Mitteilung auf Fortsetzung des Verfahrens mit dem Gutachten des Psychologen bekommen. Also setzten wir uns unverzüglich mit dem genannten Diplompsychologen aus Mainz in Verbindung und baten um einen baldigen Termin.

Das erste Gespräch in Mainz fand offensichtlich noch im gleichen Monat statt, denn mit Datum vom 30. Januar 1980 informierte er uns über den Versand des Gutachtens zum Adoptionsreferat nach Osnabrück. Ob es ein oder zwei Gesprächstermine waren, ist uns beiden nicht mehr genau in Erinnerung.

Gut erinnern wir uns jedoch an die beim ersten Termin gestellte und zunächst harmlos erscheinende Frage: „Wenn Sie die Wahl hätten, einen Jungen oder ein Mädchen zu adoptieren, wie würden Sie sich entscheiden?" Beide antworteten wir, dass uns das egal sei. Diese Antwort wollte er nicht gelten lassen, wir müßten uns entscheiden: Wäre uns ein Junge oder ein Mädchen lieber? Wir schauten uns kurz an und meinten achselzuckend, dass wir uns dann eben für ein Mädchen entscheiden würden. „Warum ein Mädchen? Begründen Sie das bitte?" war die Antwort.

Nun ja, Sinn und Zweck dieses seltsamen Fragespiels erschließt sich wohl nur einem Psychologen. Wir aber konnten es beide nicht nachvollziehen. Jedenfalls druckst man zunächst mit einer Antwort herum, weil es eine plausible Erklärung für diese „Entscheidung" nicht gibt.

Unter Aufbietung aller rhetorischen Fähigkeiten und dem Hinweis, dass es bei einer Schwangerschaft auch keine „Wahlmöglichkeit" gibt, zogen wir uns aus der Affäre. Er schien sich zufrieden zu geben, schrieb aber mit seinem Bleistiftstummel äußert engzeilig auf seinem Block weiter. Überhaupt schrieb der Mann fast ohne Unterbrechung. Nur während der Fragestellung unterbrach er seine Schreiborgie oder um seinen Bleistift anzuspitzen. Am Ende des mehr als dreistündigen Gesprächs hatte er fast fünf DIN A4 Seiten mit geschätzten einhundert Zeilen pro Blatt notiert. Wir waren, so ging es uns damals zumindest durch den Kopf, offenbar ein schwieriger Fall, obwohl sich diese Befürchtung nachträglich als völlig unbegründet herausstellte.

Von den Beratungseltern wußten wir aber, dass vom Gutachten des Psychologen alles abhing, wirklich alles: Gab er sein „OK", war eine der größten Hürden genommen. Sollte er uns jedoch für ungeeignet halten, wäre das Verfahren an dieser Stelle garantiert zu Ende gewesen. Apropos ungeeignet: Der Psychologe erzählte uns, dass es - wenn auch nur sehr selten - Fälle gab, in denen Ehepaare ein fremdländisches Kind adoptieren wollten um damit nach Außen ihr soziales Engagement zu demonstrieren. Solche Beweggründe habe er aber bisher immer erkannt und entsprechend begutachtet. „Wer sich mit einem exotischen Kind schmücken will, hat bei TdH nichts zu suchen" meinte er sinngemäß.

Vom Adoptionsreferat von TdH wußten wir, dass nach Vorliegen des psychologischen Gutachtens noch mindestens zwei Monate bis zur Entscheidung vergehen würden. Im Falle einer Zusage würde man zu gegebener Zeit Kontakt mit uns aufnehmen und ein Kind vorschlagen. Das hieß ganz einfach: Warten, warten, warten - mindestens ein Jahr, möglicherweise auch zwei, denn jährlich wurden von TdH damals insgesamt nur zwischen 100 und 250 Kinder, vornehmlich aus Asien und in manchen Fällen auch aus Lateinamerika, zur Adoption nach Deutschland vermittelt. Die Zahl der Ehepaare, die als Antragsteller bei TdH auf der Warteliste standen und auf ein Kind warteten, lag jedoch um ein Vielfaches höher. Die Zeit verging einfach nicht. Das Warten auf neue Nachrichten war zermürbend. Wir dachten nach.....

MUTTER TERESA

Wie wir auf den Pastor aus Frankfurt aufmerksam wurden, wissen wir heute beide nicht mehr. Vielleicht war es ein Hinweis von anderen Adoptionsbewerbern oder auch vom Jugendamt oder sonst jemandem. Egal, wie dem auch sei, wir schrieben diesem Pfarrer oder riefen ihn an und schilderten unser Anliegen. Er reagierte freundlich und hilfsbereit und bot uns an, ihn und seine Familie in Frankfurt zu besuchen, um in Ruhe über alles zu reden.

Es war an einem Sonntagnachmittag im Spätsommer 1980, als wir beim Pfarrer und seiner Familie zu Gast waren. Das Pfarrer-Ehepaar hatte mehrere leibliche Kinder und drei Kinder aus indischen Waisenhäusern adoptiert. Wenn ich mich recht erinnere, waren es insgesamt mindestens sechs Kinder, die allesamt prima miteinander auskamen und mit uns zusammen ordentlich am Kaffeetisch saßen. Später sprachen wir dann mit dem Pastor über unsere Absicht, ein Kind aus der Dritten Welt zu adoptieren und uns gleichzeitig - also parallel zur Bewerbung bei TdH - auch direkt bei Waisenhäusern in Indien zu bewerben, sofern dies möglich wäre. Wir

22

bekamen von ihm eine Liste mit 26 Waisenhäusern in Indien und Sri Lanka die wir gemeinsam durchsahen und nach Bewertung der Chancen aussortierten. Übrig blieben zwölf Adressen, darunter auch die von Mutter Teresa gegründeten Missionaries of Charity (Missionare der Nächstenliebe) in Kalkutta/Indien.

Neben besten Wünschen und Gottes Segen gab uns der hilfreiche Mann ein in Englisch verfasstes Merkblatt mit: „List of Instructions", in dem in 10 Punkten die erforderlichen Dokumente und Unterlagen aufgelistet waren.

Mit Schulenglisch einen Brief zu schreiben und darin den Wunsch und die Bitte zu erläutern, ein Kind aus einem indischen Waisenhaus zu adoptieren, war nicht ganz einfach. Das Wort „Orphanage" (Waisenhaus) kannte ich bis dahin gar nicht, aber wozu gibt es gute Wörterbücher in Deutsch/Englisch. Offenbar konnten aber alle Angeschriebenen erkennen und verstehen, worum es ging und welchen Wunsch wir äußerten.
Viel später, in einem Brief vom 08. April 1981, berichteten wir dem Pastor über die Resonanz unserer Bemühungen ohne zu ahnen, dass auf den Tag genau zwei Monate später unser Sohn kommen sollte.....

Von den zwölf angeschriebenen Waisenhäusern bekamen wir von sieben einen Antwortbrief, fünf gaben keine Antwort. Die einzig wirklich positive Nachricht kam von Mutter Teresa. Ihr hatten wir am 20.09.1980 einen ausführlichen Brief mit vielen persönlichen Angaben über uns und unsere Beweggründe geschrieben mit der Bitte um Adoption eines kleinen Kindes: „if it's possible a little baby". Nun lag die Antwort der zuständigen Ordensschwester Sr. Dionysia MC (Missionaries of Charity), datiert vom 24. Oktober 1980, vor uns auf dem Tisch und große Hoffnung keimte auf. Besonders der letzte Satz war vielversprechend und löste Emotionen bei uns aus: „should everything be in order, we will be only to happy to help you in your desire to adopt a child" - was übersetzt bedeutet, dass uns das Waisenhaus gerne hilft unseren Wunsch zu erfüllen, sofern alle Unterlagen in Ordnung sind.

Als deutsche Kontaktperson wurde uns eine ältere Dame aus Lippstadt genannt, deren Name uns im Laufe der nächsten Monate fast täglich über die Lippen kam, weil sie unsere „Brücke" nach Indien war und wir ungeduldig auf „good news" von ihr warteten. In fast regelmäßigen Abständen von höchstens vier Wochen riefen wir bei ihr an, meist Samstagnachmittags. Im Nachhinein glauben wir schon, dass wir der guten Frau manchmal auf die Nerven gingen. Danke Frau Z. für Ihre Engelsgeduld mit uns!

Von Frau Z. (so werde ich sie von nun an nennen, um die Anonymität zu wahren) erhielten wir einige Tage später eine Liste mit 18 Punkten, die zu erledigen waren und die ich in Kurzform aufzählen möchte:

- Bericht des Jugendamts über häusliche Verhältnisse
- Bescheinigung persönlicher Unterhaltsbedingungen
- Ärztliche Gesundheitsbescheinigung über Fähigkeit der künftigen Eltern, ein Kind aufzuziehen
- Vollmacht für Sr. Dionysia für alle Formalitäten
- Verpflichtung, das Kind zurückzuführen im Falle eines erteilten indischen Gerichtsbeschlusses
- Erklärung der Ehefrau, das adoptierte Kind wie ihr eigenes aufzuziehen
- Übernahme der Reisekosten für das Kind sowie der erforderlichen Begleitung.
- Versicherung, das Kind nach deutschem Recht zu adoptieren und zwei Familien zu benennen, die im Falle unseres Todes für das Kind sorgen werden

- Bestätigung des Jugendamtes, dass wir in der Lage sind, ein Kind aus dem Waisenhaus zu adoptieren
- Taufschein beider Antragsteller
- Geburtsurkunde beider Antragsteller
- Heiratsurkunden, kirchlich und standesamtlich
- Empfehlungsschreiben des örtlichen kath. Pfarrers
- Einkommensbescheinigung beider Antragsteller
- Polizeiliches Führungszeugnis beider Antragsteller
- Empfehlungsschreiben von zwei Personen in gehobener Position
- Ärztliche Bescheinigung über medizinische Gründe
- Fotos des Ehepaares und vom Wohnhaus/Wohnung

Die zugesandten Formblätter mußten im Original und die Kopien der englischen Übersetzung vom Notar zunächst beglaubigt, dann vom Landgerichtspräsidenten überbeglaubigt und anschließend vom indischen Konsulat legalisiert werden. Alle anderen Unterlagen mußten ebenfalls in die englische Sprache übersetzt werden. Das erledigte eine Übersetzerin, die bei der amerikanischen Militärpolizei arbeitete und mit der ich als Polizeibeamter öfter dienstlich zu tun hatte. Sie war vereidigt und als Dolmetscherin bei Gericht zugelassen. Auf ihre „Translation" konnten wir uns verlassen - und einen sehr beeindruckenden Stempel durfte sie auch verwenden, was in Indien wohlwollend beachtet wurde; so zumindest hatte man uns berichtet.

Und so machten wir uns erneut auf den Weg, um ein weiteres Mal alle erforderlichen Unterlagen zu besorgen. Von einem befreundeten Missionsbischof bekamen wir ein in englischer Sprache verfasstes Empfehlungsschreiben, in dem er auf seine Nachbarschaft und Freundschaft mit meinen Eltern verwies und meine langjährige Arbeit in der katholischen Jugend als Jugendleiter, Pfarrjugendführer und stellvertretenden Dekanatsjugendleiter lobend erwähnte. Außerdem sei er schon bei uns zu Gast gewesen. Kurzum, dieses Schreiben mit bischöflichem Siegel tat uns richtig gut. Neu motiviert setzten wir unsere Bemühungen fort.

Auch das zweite Empfehlungsschreiben, ausgestellt von einem befreundeten Ehepaar aus Belgien war bestens für uns. Pieter, so hieß der Ehemann, war selbständiger Unternehmer und ehrenamtlich in verantwortlicher Position bei „Round Table", einer caritativ-sozialen Organisation engagiert. Sein Titel „International Relation Officer" und ein optisch sehr beeindruckender Briefkopf samt Unterschrift waren eine Augenweide. Das mußte helfen. Anders konnten wir uns das gar nicht vorstellen.

Das Empfehlungsschreiben des örtlichen katholischen Pfarrers war nicht weniger hilfreich. Er verwies auf unsere Herkunft „aus guten christlichen Familien" - was ja auch stimmt - auf meine Messdiener-Zeit, auf die verantwortliche Leitung von zahlreichen Jugendlagern und dass wir einem Kind „ein gutes Zuhause" geben würden. Der Stempel „Ecclesiae parochialis catholicae" erschien uns schon fast ein wie ein päpstliches Siegel.

Wie benötigten aber noch ein weiteres „Siegel", nämlich das des zuständigen Kreisjugendamtes. Von deren Bericht über unsere häuslichen Verhältnisse und Einschätzung unserer Eignung als mögliche Eltern eines zu adoptierenden Kindes hing sehr viel ab, eigentlich alles. Unter anderem die zu einem späteren Zeitpunkt noch unbedingt erforderliche „vorläufige Pflege- erlaubnis" ohne die wir kein Kind bekommen würden.

An einem Nachmittag im September 1980 kam die gleiche Sozialarbeiterin, die wir von unseren Gesprächen im Jugendamt schon kannten, um uns und unser Haus

mit allen Räumlichkeiten und den Garten zu „begut-
achten", denn nichts anderes war es, worum es ging: ein
Gutachten über Eignung oder Nicht-Eignung zum Eltern
werden. Die Dame hatte offenbar ihre ersten Bedenken
gegen eine geplante Auslandsadoption aufgegeben und
erwies sich als sehr freundlich und kooperativ. In ihrem
fast zweiseitigen Bericht schrieb sie abschließend, dass
sie uns für geeignet halte, „einem Kind Geborgenheit
und ein schönes Zuhause zu geben."

Etwas problematischer erwies sich die Besorgung der
sogenannten „Legalisation", also der Bestätigung der
Echtheit einer ausländischen Urkunde durch den
Konsularbeamten des Staates, in dem die Urkunde
verwendet werden soll. Im Klartext bedeutete das: Die
erforderlichen fünf Formblätter, die eigentlich viel mehr
Urkunden entsprachen, mußten - wie schon erwähnt -
zunächst durch den Notar, anschließend vom Landgerichtspräsidenten überbeglaubigt und dann noch durch
die indische Botschaft   oder das Konsulat legalisiert
werden.
Gut erinnere ich mich noch, als ich am 01. Dezember
1980 mit den überbeglaubigten Dokumenten mit der
Bahn nach Frankfurt fuhr und mir beim indischen

Konsulat gesagt wurde, dass die Beglaubigungsgebühren vor Ort in bar zu zahlen sind. Die rund 200 DM hatte ich natürlich nicht dabei, und eine EC-Kartenzahlung war nicht möglich. Um eine erneute und zeitraubende Anreise zu umgehen, suchte ich einen Freund auf, der in einem bekannten Frankfurter Hotel arbeitete, um mir von ihm das Geld auszuleihen. Dass er mich in der Rezeption des feinen Hotels eine gefühlte Ewigkeit warten ließ, zehrte ziemlich an meinen Nerven, weil das Konsulat bald schließen würde und ich alles noch unbedingt erledigen wollte. Als er dann schließlich kam, stellte sich heraus, dass auch er nicht soviel Bargeld bei sich hatte. Wie ich letztlich an das Geld kam, weiß ich nicht mehr. Möglicherweise gab er mir den Tipp, einen Scheck auszustellen und in einer nahegelegenen Bank ein-zulösen. Mit EC-Karten an Bankautomaten Bargeld zu bekommen war damals noch nicht möglich. Es klappte aber letztlich dann doch noch, alles vor Schließung des Konsulates zu erledigen. Endlich hatte ich die so sehr benötigten Stempel des indischen Diplomaten.

Nur knapp sechs Wochen nach Schwester Dionysias Antwortbrief aus Kalkutta hatten wir es wirklich geschafft, alle Unterlagen zu besorgen. Mit Stolz auf die zeitnahe Erledigung der zahlreichen Formalitäten und mit großer Erleichterung - und mit noch viel mehr Hoffnung versehen - brachten wir die Unterlagen zur Post.

Eintrag im Tagebuch meiner Frau:
Dienstag 02. Dezember 1980: „Heute haben wir alle Unterlagen weggeschickt"

Montag 29. Dezember 1980: „Vielleicht bekommen wir noch Nachricht im alten Jahr?"

Mittwoch 31. Dezember 1980: „Leider nicht!"

Freitag 02. Januar 1981: „Endlich ist das neue Jahr da! Jetzt kann es nicht mehr lange dauern."

Samstag 10. Januar 1981: „Immer noch keine Post aus Indien, wir sind sehr traurig. Spätnachmittags Anruf bei Frau Z. in Lippstadt: Es sind viele Kinder noch vor Weihnachten und auch schon im neuen Jahr nach Deutschland gekommen. Die Schwester für Adoptionen (Sr. Dionysia) wird Mitte Januar versetzt. Vielleicht wurden unsere Unterlagen noch von ihr bearbeitet. Dann würden wir hoffentlich bald Nachricht bekommen. Wir sind wieder sehr glücklich - und warten."

Samstag 17. Januar 1981: „Diese Woche wieder keine Post aus Indien bekommen."

Nur knapp sechs Wochen nachdem wir unsere Unterlagen zur Post gebracht hatten, schrieb ich mit wachsender Ungeduld mit Datum vom 20. Januar 1981 erneut an Schwester Dionysia und fragte an, ob denn auch alle Unterlagen angekommen seien. Natürlich wieder mit der Bitte, uns doch baldmöglichst Bescheid zu geben, falls es etwas Neues gäbe: „Please, give us news as soon as possible." Also weiter hoffen, bangen und warten, warten, warten…..

Eintrag im Tagebuch meiner Frau:
Dienstag 20. Januar 1981: „Heute hat Guido noch einmal nach Indien geschrieben und angefragt, ob auch alle Unterlagen gut angekommen sind. Vielleicht ist ja doch schon Post zu uns unterwegs."

Am Samstag, 24. Januar 1980 hatten wir ein zweites Treffen von TdH in Frankfurt, wiederum in der christlichen Gemeinde. Erneut waren viele Eltern mit adoptierten und leiblichen Kindern im großen Gemeindesaal anwesend und noch viel mehr Antragsteller, die ihre Erfahrungen im Besorgen der Unterlagen austauschten und sich gegenseitig Mut machten - aber vor allem auf baldige, neue und gute Nachricht hofften. Gleichzeitig war es auch etwas beruhigend für uns festzustellen, daß nicht nur wir ungeduldig waren. Was wir nicht wußten und nicht erahnen konnten: Nur ein paar Tage später sollte unsere Tochter in Süd-Koreas Hauptstadt Seoul geboren werden.

Eintrag im Tagebuch meiner Frau:
Samstag 24. Januar 1981: „Heute TdH-Treffen in Frankfurt. Wir lassen den Antrag bei TdH einfach weiterlaufen und hoffen, dass nichts schief geht. Dann würden wir in diesem Jahr noch ein Kind aus Korea bekommen. Nach Auskunft von TdH etwa September oder Oktober."

Samstag 07. Februar 1981: Anruf bei Frau Z. in Lippstadt: Nichts Neues. Keine Post.

Samstag 21. Februar 1981: „Anruf bei Frau Z. in

Lippstadt: „Ein Professor aus Mainz fliegt nach Indien. Er will kurz im Waisenhaus anfragen, ob es etwas Neues gibt. Hoffentlich! Er nimmt auch einen Brief von Frau Z. mit, in dem sie uns erwähnt."

Freitag 27. Februar 1981: „Anruf bei Frau Z. in Lippstadt: Sie hat Nachricht aus Indien bekommen, dass Schwester Margret-Mary sehr krank war. Adoptions-arbeiten laufen weiter. Wir haben neue Hoffnung."

Sonntag 08. März 1981: „Der Professor ist aus Indien zurück."

Mit Datum vom 13. März 1981 schrieb ich erneut an Schwester Margret-Mary und fragte an, ob alle Unterlagen angekommen seien. Wir hatten Bedenken, dass es wegen des Wechsels der Zuständigkeit von Schwester Dionysia zu Schwester Margret-Mary möglicherweise Probleme gegeben haben könnte. Wir waren wirklich sehr besorgt und dachten an viele mögliche Eventualitäten: Dass zum Beispiel unser Antrag irgendwo unbearbeitet in der Ecke liegen könnte. Wir teilten ihr mit, dass wir in guter Reichweite des Frankfurter Flughafens wohnen und unser Kind dort abholen könnten, gerne aber auch nach Kalkutta fliegen würden, um es persönlich in Empfang zu nehmen.

Eintrag im Tagebuch meiner Frau:
Freitag 13. März 1981: „Anruf in Lippstadt: Der Prof.
war nur kurz im Waisenhaus. Heute nochmal an Sr.
Margret-Mary geschrieben. Sie möchte bitte mitteilen, ob
alle Unterlagen angekommen sind. Wieder warten!"

Am Dienstag 07. April 1981 hatten wir beide einen sehr stressigen Tag. Ich mußte einen Verkehrsunfall mit Todesfolge aufnehmen, der mit vielen schrecklichen Bildern und bleibenden Eindrücken ziemlich unter die Haut ging und sich - wie viele Erlebnisse zuvor - auf meiner emotionalen Festplatte einbrannte. Weil wir beide in der gleichen Stadt arbeiteten und zusammen mit einem Auto fuhren wenn ich Tagdienst hatte, mußte meine Frau länger auf mich im Hof der Polizeidienststelle warten.

Ziemlich erschöpft kamen wir zuhause an und fanden im Briefkasten endlich die ersehnte Post aus Kalkutta: Aufgeregt öffneten wir mit zittrigen Händen, noch im Hof stehend, den Brief von Schwester Margret-Mary. Sie teilte uns mit, dass sie ein Kind mit Namen „Vivian" für uns ausgesucht habe, wir möchten bitte die fälligen Bearbeitungsgebühren nach Kalkutta überweisen. Das schönste aber war das kleine schwarz-weiß-Bild von unserer „Tochter", die sich jedoch recht bald als Sohn herausstellen sollte, weil wir zunächst irrtümlich annahmen, dass „Vivian" ein Mädchenname sei. In Indien aber ist wohl vieles anders, und so übersahen wir in unserer Aufregung das Wort „Master" das mit Bleistift auf der Rückseite des kleinen Bildes vermerkt war: „Master Vivian" war also unser kleiner Sohn! Unser Glück war unbeschreiblich.

Unwillkürlich dachte ich an die alte Lebensweisheit „Wenn der liebe Gott eine Tür zuschlägt, öffnet er gleichzeitig auch irgendwo ein Fenster." Vor wenigen Stunden noch sah ich Leid und Tod im Straßengraben, und jetzt einen großen Hoffnungsschimmer. Die Welt war wieder in Ordnung!

Eintrag im Tagebuch meiner Frau:
Dienstag 07. April 1981: „Heute endlich haben wir Post von Sr. Margret-Mary bekommen. Sie hat für uns ein kleines Mädchen ausgesucht - unsere „Vivian" geboren am (Datum) - wir sind überglücklich!

Schon am nächsten Tag überwiesen wir die Bearbeitungsgebühren und antworteten Schwester Margret-Mary, dass wir überglücklich seien und „this lovely little girl" in Frankfurt, Kalkutta oder jedem anderen Ort der Welt abholen würden. Noch hatten wir den Fehler nicht bemerkt, gingen also in diesem Brief noch immer von einem Mädchen aus. Gott-sei-Dank führte das bei Sr. Margret-Mary zu keinem Mißverständnis: Nicht auszudenken, wenn sie uns „Master Vivian" verweigert und gegen ein Mädchen „ausgetauscht" hätte. Heute sind wir beide davon überzeugt: „Da oben" dreht jemand am Rad!

Eintrag im Tagebuch meiner Frau:
Mittwoch 08. April 1981: „Heute wieder an Schwester Margret-Mary geschrieben und die Gerichtsgebühren überwiesen."

Ebenfalls am 08. April schrieb ich, wie schon erwähnt, den Brief an den Pastor, den wir in Frankfurt besucht hatten und berichtete ihm ausführlich über die Resonanz unserer Bemühungen um die Adoption eines Kindes. Natürlich auch, dass wir in wenigen Monaten ein etwa einjähriges Mädchen aus dem Waisenhaus von Mutter Teresa bekommen würden......

Eintrag im Tagebuch meiner Frau:
Ostersonntag, 19. April 1981: „Das ist bestimmt das
letzte Osterfest das wir alleine verbringen. Nächstes Jahr
sind wir schon eine kleine Familie. Wir freuen uns sehr
darauf, für unsere Kinder da zu sein."

Am Samstag, 02. Mai 1981 bekamen wir sehr
überraschend weitere Post von Schwester Margret-Mary.
Sie teilte uns mit, dass wir eine „vorläufige Pflegeerlaubnis" unseres Jugendamtes benötigten und wir ihr
diese in englischer Übersetzung zusenden möchten.
Beigefügt waren zwei weitere kleine Bilder von Vivian
und die Bemerkung: „He is a lovely little boy and we
hope that he will be a source of great joy and pride to
you all." Liebe Schwester Margret-Mary: Heute wissen
wir: Diese Wünsche gingen - in der Tat - allesamt in
Erfüllung! Ein „medical-report" von „Master Vivian" lag
ebenfalls bei: Kerngesund, alles normal und, was sehr
wichtig war, „fit for air-travel". Außerdem müssten wir
noch ein PTA-Ticket von der indischen Fluggesellschaft
Air India für „Vivian" und eine Begleitperson besorgen.

Eintrag im Tagebuch meiner Frau:
Samstag 02. Mai 1981: „Heute haben wir überraschend

wieder Post von Schwester Margret-Mary bekommen.
Sie schickt uns zwei weitere Bilder. Unsere kleine Tochter
ist ein SOHN. In Indien ist der Name Vivian ein
Jungenname. "

Nur zwei Tage später, Montag 04. Mai, fuhr ich nach
Frankfurt ins Stadtbüro der Air India und kaufte das
benötigte PTA-Ticket (Prepaid-Ticket-Advice) für
unseren Sohn und dessen Begleitung. Laut Air India
würde der Flug von Kalkutta über Bombay nach
Frankfurt gehen. Am gleichen Tag besorgte meine Frau
die gewünschten Unterlagen beim zuständigen Jugendamt. Ebenfalls am gleichen Tag antwortete ich Sr.
Margret-Mary in einem Brief, dass wir glücklich sind,
„to get this lovely little boy, we hope it will be very
soon" und fügten Kopien der Überweisungsbelege, des
PTA-Tickets und die vorläufige Pflegeerlaubnis bei.
Zudem äußerten wir den Wunsch und die Hoffnung, dass
wir nun täglich mit der Ankunft unseres Sohnes rechnen
würden, was natürlich ziemlich unrealistisch war, das
war uns bewußt. Aber die Vorfreude war einfach viel
stärker als alle Vernunft. Mit lieben Grüßen an Vivian
verabschiedeten wir uns.

Eintrag im Tagebuch meiner Frau:

Montag 04. Mai 1981: „Heute habe ich die ange-forderten Unterlagen beim Jugendamt abgeholt. Es ging ohne größere Schwierigkeiten. Guido war in Frankfurt bei der Air India und kaufte das PTA-Ticket für unseren Sohn. Jetzt kann es bestimmt nicht mehr lange dauern bis wir unseren Sohn in die Arme nehmen können. Wir sind beide sehr ungeduldig und können es kaum erwarten.“

Freitag 05. Juni 1981: „Heute war hoffentlich mein letzter Arbeitstag. Es ist Pfingsten, wir haben beide gehofft, dass unser Sohn bei uns sein könnte. Der Gedanke an DICH erfüllt uns mit Freude und Schmerz.“

DAS WUNDER

Am Pfingstsamstag heiratete mein jüngerer Bruder. Bei der Hochzeitsfeier war es ziemlich spät geworden und so verbrachten wir den Sonntag gemütlich zuhause im Garten. Das Kinderzimmer war fertig hergerichtet, vom Mobile das über dem Kinderbett baumelte bis zum Wickeltisch war alles bereit. Wir warteten täglich auf Nachricht aus Kalkutta.

Am zweiten Feiertag, Pfingstmontag, machten wir einen Spaziergang mit meinem Diensthund, einem schwarzen deutschen Schäferhund, der mir bei vielen Einsätzen ein mutiger und verlässlicher Begleiter war.

Etwa gegen 10:15 Uhr befanden wir uns auf einem Feldweg, nur rund 500 Meter von unserem Haus entfernt, als wir über uns ganz deutlich die Air India sahen. Die Boeing 747, auch „Jumbo" genannt, der Air India galt als eines der schönsten Flugzeuge, denn sie war unverkennbar an den Fenstern mit indischen Türmen verziert, dazu das bekannte große Logo am Leitwerk. Wir wußten, dass sie damals zwei- oder dreimal wöchentlich nach Frankfurt flog. Was wir nicht wußten war, daß unser Sohn genau in diesem Flugzeug saß und gerade über uns flog. Noch heute bekommen wir bei diesen Gedanken Gänsehaut….. auch jetzt, wo ich diese Zeilen schreibe!

Nichtsahnend kamen wir gegen 11:30 Uhr nach Hause und fuhren anschließend zu einer Gewerbeschau um dort im Zelt der freiwilligen Feuerwehr etwas zu essen. Vor allem aber, um einen Buggy für unseren Sohn zu kaufen, was wir bei einem örtlichen Raumausstatter auch taten. Und so gingen wir etwa gegen 14:30 Uhr mit dem Buggy unterm Arm zu unserem Auto und fuhren nach Hause. Nur einige hundert Meter von unserem Haus entfernt kam uns ein Auto entgegen das sehr auffällig mit Lichthupe auf sich aufmerksam machte. Beim Näherkommen erkannten wir unseren Nachbarn, der die Scheibe heruntergekurbelt hatte, mit seinem Arm herumfuchtelte und unmissverständlich klarmachte, anzuhalten. Als wir nebeneinander auf gleicher Höhe standen, rief er uns aufgeregt zu: „Kommt schnell nach Hause, ein Taxi ist da, für euch ist ein Kind in Frankfurt angekommen."

Noch heute weiß ich, dass wir beide vor lauter Freude schrien und ich meine Sonnenbrille an das Autodach warf. Herzklopfen, Blutdruck, Adrenalin, Tränen, Umarmungen, Schreie - alles um uns herum versank in ein glückseliges Chaos. Wir sind Eltern, unser Sohn ist da!!!!

Direkt vor der Einmündung zu unserer Strasse stand wirklich ein Frankfurter Taxi, der dazugehörige Fahrer unterhielt sich mit unserer Nachbarin. Er händigte uns ein Schreiben der Air India aus mit folgendem Wortlaut:

Sehr geehrter Herr (Name)
Wir versuchen Sie seit heue morgen telefonisch zu erreichen, jedoch ohne Erfolg. Ihr Baby ist heute morgen mit unserem Flug AI 101 angekommen. Wir haben ebenfalls ein Telegramm an Sie verschickt.
Ihr Baby ist zur Zeit auf der Sanitätsstation am Rhein-Main Flughafen, Telefon-Nummer 0611.... Die Flughafen AG Abtlg. Passagierdienst ist über alles informiert als unser Abfertigungsagent. Die Rufnummer ist 0611........ - stopp - Sollten wir nicht in der Lage sein Sie zu erreichen, werden wir Schwierigkeiten mit den Behörden bekommen und es könnte durchaus sein, dass man eine Rückführung von uns verlangt - stopp - Wir werden alles in unseren Kräften stehende versuchen um Sie zu erreichen - stopp - Diesen Brief werden wir mit

dem Taxi an Sie leiten - stopp -
Ihr Baby ist in hervorragender Verfassung und ist jetzt in
Frankfurt 0611 … … zu erreichen.
AIR INDIA Frankfurt Flughaften, Stationsleitung
08.06.1981, 13:40 Uhr Ortszeit

Bis heute wissen wir nicht, ob wir uns überhaupt bei
unserem Nachbarn oder dem Taxifahrer bedankt haben,
aber wir standen buchstäblich unter Strom und hatten nur
einen Wunsch: Unseren Sohn so schnell wie möglich in
den Arm zu nehmen. Zunächst aber war zuhause erst
einmal die Hölle los: Das Telefon klingelte fast
unaufhörlich: die Flughafen AG, die Air India, das
indische Konsulat, die Flughafenpolizei, der Zoll, das
Rote Kreuz - allesamt hatten sie nur den Wunsch, uns
ausfindig zu machen und zu informieren, dass ein Kind
für uns angekommen sei.

Nach und nach erfuhren wir das ganze Drama: Air India
hatte zunächst mehrfach vergeblich versucht, uns
telefonisch zu erreichen, dann über das Telefonbuch
meine Eltern ausfindig gemacht, dort angerufen und
erfahren, dass mein jüngerer Bruder vielleicht wüßte, wo
wir seien. Von ihm erfuhr die Airline, dass wir am

Pfingstmontag zu einer Gewerbeschau wollten. Nachdem mein Bruder wußte, dass wir dringend gesucht wurden, und erfahren hatte, worum es ging, rief er eine gemeinsame Cousine an, die nur unweit des Messegeländes wohnt. Deren Mann eilte zur Messeleitung und schilderte den Fall. So kam es, dass eine Lautsprecherdurchsage über das gesamte Messegelände erfolgte, in der wir namentlich genannt und gebeten wurden, uns umgehend bei der Messe-Leitung zu melden. Heutzutage wäre es mit einem Handy einfacher gewesen…..

Während ich nun fast ständig am Telefon war, packte meine Frau die nötigsten Sachen in einem Babykorb zusammen. Anhand der letztgenannten Telefonnummer, die uns im Schreiben der Air India mitgeteilt wurde, erfuhren wir, dass unser Sohn zwischenzeitlich von einem Rot-Kreuz-Sanitäter, der Feierabend hatte, mit nach Hause genommen worden war, weil er nicht länger auf der Sanitätsstation des Flughafens bleiben konnte. Die Ehefrau des Sanitäters erreichten wir telefonisch umgehend. Sie beruhigte uns und sagte, dass es unserem Sohn gut gehe und er nur sehr müde sei. Wir notierten ihre Adresse in Zeppelinheim in der Nähe von Frankfurt und versprachen, uns umgehend auf den Weg zu machen.

Es war am späten Nachmittag, vermutlich zwischen 15:30 Uhr und 16:00 Uhr, als wir losfuhren und eine knappe Stunde später vor dem Haus des Sanitäters ankamen. Etwas angespannt, aber mit großer freudiger Erwartung klingelten wir an der Haustür......

Das Ehepaar öffnete uns, wir begrüßten einander und erfuhren, dass „Vivian" schlafend im Ehebett liegt. Leise und mit klopfendem Herzen schlichen wir in das nur schwach erleuchtete Zimmer - und dann sahen wir ihn: Unseren Sohn! Er lag auf dem Bauch, hatte den linken Arm angewinkelt und berührte seinen Mund mit dem gekrümmten Ringfinger und dem Kleinfinger (In dieser Haltung sollte er noch über lange Zeit einschlafen). Bekleidet war er mit einem rot-weiß-schwarzen Pullover, und zur Hälfte zugedeckt.

Genau in diesem Moment, als wir ihn zum ersten Mal sahen, passierte etwas in uns. Ein Gefühl von Liebe und Zuneigung von der ersten Sekunde an berührte uns. Ja, das war er - unser Sohn. Wir liebten ihn schon jetzt, ohne ihn berührt zu haben.

Langsam wachte er auf und ..... lächelte uns verschlafen an. Ein Lächeln, auf das wir so lange und voller

Sehnsucht gewartet hatten. Eine erste Berührung der kleinen Hand, ein Streicheln der Finger und der Wangen, alles war unbeschreiblich schön und aufregend zugleich. Der kleine „Master Vivian" umfaßte schon bald den Finger meiner Frau und ließ sich ohne Scheu von ihr auf den Arm nehmen. In einer Stofftasche mit aufgedrucktem Motiv eines indischen Elefanten befanden sich ein paar Habseligkeiten aus dem Waisenhaus: Wechselwäsche, Stoffwindel und eine gläserne Trinkflasche....

Wie wir erfuhren, hatte die Frau des Sanitäters, gleich nachdem ihr Mann völlig überraschend mit einem fremdländischen Baby zuhause angekommen war, unseren Sohn gesäubert, gebadet und frisch angezogen. Die Fotos von damals, die das Ehepaar dankenswerterweise machten, sind noch immer berührend: Wie er mit nassen Haaren, eingewickelt in ein Badetuch, mit großen Augen zu der fremden Frau aufschaut, die ihn gerade liebevoll pflegt und ihn nun ins Bett bringen wird. Noch heute fragen wir uns: Was muss ein 15 Monate altes Kleinkind während der langen Reise, den vielen Eindrücken und ständig neuen Gesichtern empfunden haben? Und nun schon wieder neue Gesichter. Aber diesmal Gesichter, die er von nun an für lange Zeit, für viele Jahre, täglich sehen sollte - die Gesichter seiner Eltern!

Mit aufrichtigem Dank verabschiedeten wir uns von dem hilfreichen „Samariter" des Rotes Kreuzes und seiner ebenso hilfsbereiten Ehefrau. Meine Frau saß im Auto auf der Rückbank und hatte „Vivian" im Arm. Wie bereits zuhause am Telefon mit den verschiedenen Organisationen und Behörden besprochen, sollten wir zuerst unseren Sohn in Zeppelinheim abholen und anschlie-ßend beim Zoll des Airports Frankfurt die nötigen Formalitäten erledigen. Soweit ich mich erinnere, parkten wir vor dem Terminal 1, dort wo heute ein großes Parkhaus steht. Meine Frau blieb im Auto sitzen und kümmerte sich liebevoll um den kleinen und völlig übermüdeten „Vivian" - den wir von nun an nur noch mit dem Namen ansprachen, den wir schon lange vor seiner Ankunft für ihn ausgesucht hatten und der wie für ihn geschaffen schien. Zur Wahrung seiner Persönlichkeit werde ich ihn jedoch weiterhin „Vivian" nennen.

Mit meinem Dienstausweis kam ich problemlos durch alle Schranken und Kontrollen bis zur Zollverwaltung des Airports. Dort wußte man schon Bescheid über den ungewöhnlichen Fall des „nicht zustellbaren Babys". Nach ein paar Unterschriften, freundlichem Händeschütteln und mit weiteren Dokumenten und Unterlagen versehen, war ich recht bald wieder im Auto. Nun endlich ging es nach Hause. Dorthin, wo „Madad und Mimai" gemeinsam ihre Kindheit und Jugend verbringen sollten.

Gegen 18 Uhr kamen wir zuhause an. Vivian hielt während der gesamten Fahrt ein kleines Stück Papier in der Hand, das meine Frau ihm gegeben hatte. Es war die leere Verpackung eines Feuchttuches für Babys. Erst jetzt, zuhause im Wohnzimmer an der Tür zum Garten, wagte ich zum ersten Mal, Vivian auf den Arm zu nehmen. Was sich bis dahin nur in meiner Vorstellung unzählige Male abgespielt hatte, war nun Wirklichkeit: Ich hielt unseren Sohn im Arm - und er fühlte sich offenbar sofort wohl und geborgen. Der Augenblick, in dem ein Vater sein Neugeborenes kurz nach der Entbindung zum ersten Mal im Arm hält, kann nicht schöner sein.

Nur etwa eine Stunde später, nachdem Vivian sein Fläschchen getrunken hatte, das er übrigens alleine festhielt, und er mit frischen Windeln versehen war, lag er mit Schlafanzug und Schlafsack in seinem Kinderbett und schlief. Der Anblick eines schlafenden Kleinkindes ist immer berührend, ganz besonders aber, wenn es das eigene ist. Und so schauten wir auf unser „Geschenk Gottes" - tief bewegt mit Freude, Glück und großer Dankbarkeit.

Es war schon kurz vor 20 Uhr, als es an der Haustüre klingelte. Kaum zu glauben, dass erst jetzt das ankam, was damals als zweitschnellstes Mittel - nach dem Telefon - in der Nachrichtenübermittlung galt, das Telegramm der Deutschen Bundespost.
Vermutlich wäre ein Brieftaube deutlich schneller gewesen als der uns namentlich bekannte Postbote, bei dem ich als alter Polizist sofort eine leichte Alkoholfahne bemerkte, und der mir nun, um 19:53 Uhr, das 13.25 Uhr notierte Telegramm aushändigte, das wie folgt lautete:
„Bitte um dringenden Rückruf 6904755 Flughafen AG. Ankunft Ihres Babys aus Indien heute 10:30 - stop - Kein Telefonkontakt mit Ihnen - stop - Air India Frankfurt."

Nicht auszudenken, was alles hätte passieren können, wenn man uns nicht schon lange vorher, und vor allem rechtzeitig, ausfindig gemacht hätte. Mit Schrecken denke ich an das Wort „Rückführung", also die angedrohte Rückreise unseres Sohnes nach Indien, falls man uns, seine Eltern, nicht hätte finden können.... In diesem Augenblick habe ich dem Postboten wohl lebenslange Verstopfung gewünscht. Diesen Mann werden wir beide auf jeden Fall in keiner guten Erinnerung behalten!

Eintrag im Tagebuch meiner Frau:
Pfingstmontag 08. Juni 1981: „Vivian ist da!!!! Unser Sohn kam heute ganz überraschend auf dem Flughafen in Frankfurt an, Flug Air India 101. Jetzt liegt er endlich in seinem Bettchen und kann erst mal richtig schlafen. Unser Glück ist unbeschreiblich."

Vivians' erste Nacht zuhause war etwas unruhig, Heute denken wir, dass er sehr wahrscheinlich zu warm eingepackt war und er in Indien offenbar viel leichter bekleidet schlief.

Gleich am nächsten Morgen fuhren wir mit ihm zu unserer Kinderärztin zur ersten medizinischen Unter-suchung.

Eintrag im Tagebuch:

Dienstag 09. Juni 1981: „Besuch bei der Kinderärztin: Außer Kleinigkeiten ist unser Sohn gesund. Er ist 70 cm groß und wiegt 8700 Gramm."

Am zweiten Tag nach seiner Ankunft fuhren wir mit Vivian in ein kleines Schuhgeschäft, das uns eine Freundin empfohlen hatte, und kauften ihm dort ein paar Schuhe - Marke „Elefant"….

Am zweiten oder dritten Tag entfernten wir ein weißes Plastikbändchen mit maschinengeschriebenem Namen VIVIAN *(GEB.DATUM) WEST GERMANY das er bis dahin verplombt an seinem Handgelenk trug. Heute befindet es sich im Fotoalbum unserer Familie. Seinen metallenen Armreif ließen wir noch für einige Monate an seinem anderen Handgelenk, denn er spielte hin und wieder gerne damit. Apropos „spielen" - Vivian machte immer dann, wenn er Musik hörte oder ich ein Lied summte oder ein Lied pfiff, unaufgefordert und lächelnd mit beiden Handgelenken drehende Bewegungen. Wir konnten uns das nur so erklären, dass er das bei den Schwestern in Kalkutta gelernt haben musste.

Eintrag im Tagebuch meiner Frau:
Donnerstag 11. Juni 1981: „Vivian schläft unruhig."

Freitag 12. Juni 1981: „Vivian läuft am Tisch entlang, wir sind sehr überrascht. Er trinkt eine Unmenge Tee."

Sonntag 14. Juni 1981: „Vivian kennt noch keine Spielsachen, kann sich aber mit einfachen Dingen beschäftigen, z.B. Papier, Löffel usw."

Mittwoch 17. Juni 1981: „Vivian bewegt sich bei Musik rhythmisch mit dem Oberkörper hin und her."

Donnerstag 18. Juni 1981: „Heute stand Vivian zum ersten Mal alleine."
Sonntag 21. Juni 1981: „Vivian hat sich gut eingelebt, kann uns noch nicht von fremden Leute unterscheiden."

Montag 22. Juni 1981: „Vivian sagt „Ham" wenn er Hunger oder Durst hat."

Dienstag 30. Juni 1981: „Vivian krabbelt wie ein Wiesel durch die Wohnung. Es macht ihm große Freude."
Mittwoch 08. Juli 1981: „Vivian schläft noch unruhig"

Am 09. Juli, also etwa vier Wochen nach Vivians über-
raschender Ankunft schrieb ich an Schwester Margret-
Mary, dass wir Vivian an Pfingstmontag wohlbehalten
am Frankfurter Flughafen in Empfang nehmen konnten
und er gesund und in guter Verfassung sei, dass er sich
freue, wenn er uns sieht, und er sehr lustig und
musikalisch sei. Ja, das war er wirklich. Ein Tagebuch-
Eintrag vom gleichen Tag bestätigt das:
*„Vivian ist ein froher und lustiger Junge. Er macht uns
sehr glücklich."*

Dem Brief fügten wir ein paar Bilder von Vivian und uns
bei und erwähnten, dass er am 02. August getauft werden
soll. Wieso, weshalb und warum wir vorab nicht über
Vivians Ankunft informiert worden waren, wissen wir
bis heute nicht. Die Ordensschwestern in Kalkutta hatten
offenbar unendliches Gottvertrauen. Wir haben nie, auch
in diesem Brief nicht, danach gefragt. Warum auch,
unser Sohn war ja da! Mit herzlichem Dank und besten
Grüßen an Mutter Teresa versprachen wir, im nächsten
Monat wieder zu schreiben.

Zwei Tage später, es war Samstagnachmittag der 11. Juli,
lief Vivian in unserem Schlafzimmer zum ersten Mal ein

paar Schritte alleine. Nur drei Schritte waren es bis er hinfiel, aber immerhin. Er war nun 16 Monate alt und gerade mal einen guten Monat bei uns. Laufen machte ihm zunehmend Spaß: Von seiner Mutter zunächst festgehalten, ließ er los und ging ohne Zögern alleine auf wackligen Beinen und strahlendem Lächeln in Richtung meiner ausgestreckten Arme.

Offenbar war Vivian von Autos sehr beeindruckt (ein Junge eben.....) denn sein erstes Wort - außer „Ham" für essen und trinken - war am 15. Juli 1981 nicht Mama oder Papa, sondern „Auta" wenn er eines sah.

Schwester Margret-Mary antwortete uns am 24. Juli. Sie freute sich sehr über die beigefügten Bilder und erinnerte daran, dass Kinder ein Gottesgeschenk seien und wir Menschen dafür danken sollten. Über weitere Bilder würde sie sich freuen, weil sie damit an unserer Freude teilhaben könne.

Eintrag im Tagebuch meiner Frau:
Sonntag 26. Juli 1981: „Vivian hat heute zum ersten Mal die ganze Nacht durchgeschlafen."

Am Sonntag, dem 02. August 1981 um 14:30 Uhr, wurde Vivian in der katholischen Kirche getauft. Seine eingetragene Taufpatin konnte bei der Taufzeremonie leider nicht anwesend sein; sie wohnt in Wien. Stellvertretend für sie hielt meine Frau unseren Sohn über das Taufbecken. Vivian ließ die feuchte Zeremonie völlig ruhig über sich ergehen. Die Taufkerze hielt mein Vater sehr stolz in der Hand.

Eine ebenso schöne wie harmonische Tauffeier mit Kaffee und Kuchen - wie sich das eben so gehört - schloss sich bei uns zuhause an. Wir hatten ziemlich viele Gäste eingeladen, das Wohnzimmer ausgeräumt und mit Tischen und Stühlen bestückt. An der Stirnseite der langen Kaffeetafel saß der „frischgetaufte Christ" Vivian neben uns, seinen stolzen Eltern, auf seinem Kinder-Hochstuhl und freute sich über die vielen Leute und seine Geschenke.

Eintrag im Tagebuch meiner Frau:
Sonntag 02. August 1981: „Heute war ein großer Tag für Dich, Vivian. Du bist um 14:30 Uhr in unserer Kirche von unserem Pfarrer getauft worden. Danach haben alle Gäste bei uns zuhause bei Kaffee und Kuchen gefeiert:

Omas und Opas, alle Onkel und Tanten, viele Cousins und Cousinen, einige Freunde von uns und der Pfarrer. Sogar Deine Taufpatin aus Wien hat Dir am Telefon alles Gute gewünscht.

Dienstag 04. August 1981: „Besuch bei der Ärztin: Vivian hat eine leichte Hautinfektion, ist aber sonst sehr gesund. Heute ist er 72cm lang, wiegt 9 Kilogramm."
Sonntag 23. August 1981: „Heute sagt Vivian noch sehr undeutlich seinen ersten Satz: „Da is e" - wenn er seinen Ball sieht und soll heißen: „Da ist er."

Sonntag 29. August 1981: „Vivian hat 16 Zähne und ist kerngesund."

1981 hatten wir einen ausgesprochen schönen und langen Sommer, so zumindest ist er uns in Erinnerung. Vielleicht auch deshalb, weil in diesem Jahr zum ersten Mal Vivian - „unsere Sonne" - für uns schien. Im Garten grub ich ein paar Quadratmeter Rasen um und baute einen Sandkasten, groß genug für zwei Kinder und an beiden Stirnseiten jeweils mit einer Ablagefläche um Sandkuchen „backen" zu können. Schließlich sollte ja noch unsere Tochter dazukommen und spätestens im nächsten Sommer mitspielen können. Vivian half mit seinen Spielsachen fleißig mit: Schäufelchen und Lastauto waren ständig in Bewegung. Zwischendurch warf er auch mal alles in die Ecke und rannte durch den Garten, einfach so und immer lachend. Er hatte offensichtlich großen Bewegungsdrang und unbändige Freude am Laufen.

Eine Schaukel durfte natürlich auch nicht fehlen, und so konstruierte ich mit Quer- und Längsbalken und einigen Winkeleisen eine entsprechende Vorrichtung, die - naja - vielleicht nicht die schönste war, sich aber einigermaßen sehen lassen konnte und vor allem stabil war; darauf legte ich großen Wert. Eine Babyschaukel war schnell gefunden und montiert. Vivian hatte große Freude am schaukeln, es konnte ihm oft nicht hoch genug gehen. Hin und wieder schlief er sogar in der Schaukel ein. Ein besonders schönes Foto davon haben wir eingerahmt.

An einem leeren Plastik-Wäschekorb befestigte ich eine Leine und zog den „kleinen Maharadscha" mit Karacho über den kurz gemähten Rasen quer durch den Garten. Jauchzend und vor Freude hüpfend genoss er das „höllische Tempo" und ruckelte ungeduldig, wenn ich mal eine Pause machte - dabei hatten wir beide einfach sehr viel Freude und Spaß.

In den Sommermonaten saß meine Frau sehr oft mit Vivian auf dem Schoß vor dem Fenster in seinem Kinderzimmer, wo sie gemeinsam die vielen Vögel beobachteten, die ringsum in den Büschen und Bäumen saßen und herumflogen. Besonders der Gesang der Vögel weckte sein Interesse: Immer wenn ein Vogel piepste, eine Amsel sang oder eine Krähe oder Elster krächzende Laute von sich gab, hob er den Finger und sagte: „Horch".

An einem weiteren Sommertag, das Datum wissen wir nicht mehr, waren meine Eltern und unser befreundeter Bischof zu Besuch. Sein Empfehlungsschreiben war, so glauben wir heute, ausschlaggebend dafür, dass wir einen Jungen und kein Mädchen aus dem Waisenhaus bekamen. Wer sich einigermaßen mit indischer Kultur und Tradition auskennt weiß, dass Jungen einen völlig anderen, vor allem viel höheren Stellenwert in der indischen Gesellschaft haben als Mädchen. Für uns Europäer ist nur schwer nachvollziehbar, dass sich Väter lebenslang verschulden, um die Mitgift für ihre Töchter aufzubringen. Ein Junge hingegen ist unter diesem

Gesichtspunkt eine wahre Bereicherung. Wir sind froh, dass wir ein Foto von Vivian haben, wie ihn der Bischof auf dem Arm hält. Ihm habe ich übrigens auch meinen schönen Rufnamen und den zweiten Vornamen zu verdanken. Danke postum „Onkel Bernhard" - wie ich ihn als Junge immer nannte - für diesen hilfreichen Brief und dass Du mich noch wenige Tage vor Deiner Abreise nach Neu Guinea getauft hast.

Schon relativ kurz nach Vivians Ankunft kümmerten wir uns bei einem Notar um die Adoption nach deutschem Recht. Seit einigen Jahren gab es nur noch die sogenannte „starke Adoption" in Deutschland: Mit dem Ausspruch der „Annahme als Kind" erlangt das Kind die rechtliche Stellung eines gemeinschaftlichen ehelichen Kindes, also die völlige rechtliche Gleichstellung von adoptierten und leiblichen Kindern.

Wegen unterschiedlicher Rechts- und Gesetzeslage in Indien und Deutschland bezüglich der Adoption eines minderjährigen Kindes empfahl uns der Notar, die Adoption nach deutschem Recht unverzüglich bei Gericht zu beantragen. Dies taten wir bereits am 24. Juni 1981, als wir gemeinsam mit der Vertreterin des

Jugendamtes beim Notar den Antrag stellten und unterschrieben. Als Amtspfleger sollte das Kreisjugendamt bestellt werden und einen entsprechenden Bericht abgeben, ob die „Annahme als Kind" dem Wohl des Kindes entspräche.

Rund einen Monat später, am 27. August 1981, kam die uns schon gut bekannte Sozialarbeiterin zu uns nach Hause, um sich ein Bild von Vivian zu machen. Ein Tag, den wir so schnell nicht vergessen sollten:

Nachdem die Jugendamts-Sozialarbeiterin von einer Kollegin zu uns gebracht worden war - sie selbst besaß keinen Führerschein - tranken wir gemeinsam Kaffee und unterhielten uns zwanglos. Wir bemerkten aber, dass sie recht häufig Vivian beobachtete und hin und wieder versuchte, mit ihm Kontakt aufzunehmen, was auch problemlos möglich war, denn unser Sohn war völlig entspannt und lachte und spielte mit ihr. Zwischendurch wollte er aber immer wieder mal zu uns auf den Schoß oder auf den Arm. Während sich bei uns drinnen Entspannung breit machte, braute sich derweil draußen ein gewaltiges Unwetter zusammen.

Die Schleusen des Himmels öffneten sich nur wenig später mit Blitz, Donner und Hagel, aber vor allem mit Regenmassen, wie wir sie bis dahin noch nicht erlebt hatten. Der sintflutartige Regen zeigte schon kurze Zeit später erste Schäden: Im Garten stand das Wasser wie auf einem flachen See, weil es so schnell nicht abfließen konnte. Im Keller schoss das Regenwasser aus dem Lichtschacht auf die Holztreppe und in den Vorraum. Als ich es bemerkte, öffnete ich die feuerhemmende Tür zur Garage, so dass das Wasser vom Innenraum zumindest teilweise dorthin abfließen konnte. Wasser, überall zentimeterhohes Wasser im Keller. Jetzt galt es, im Beisein der Sozialarbeiterin nicht die Nerven zu verlieren und zu beweisen, dass wir auch mit solch einer Krisensituation fertig werden und meine Frau und ich „ein Team" sind. Als ich kurz nach oben kam, um meiner Frau das ganze Dilemma mitzuteilen, bot die Dame uns an, auf Vivian aufzupassen, damit wir uns beide um das eindringende Wasser kümmern könnten, was wir auch dankend annahmen.

Nach einer gefühlten Ewigkeit, in der wir gemeinsam versuchten abzudichten, wo immer es möglich war, klingelte es an der Haustüre und die Kollegin der Sozialarbeiterin kam zurück und drängte zum sofortigen Aufbruch, weil sie sonst nicht mehr nach Hause kämen. Aufgeregt teilte sie mit, daß viele Straßen bereits überflutet seien, manche von der Feuerwehr sogar gesperrt. Vivian zeigte sich von all den Wetterkapriolen und aufkommender Hektik unbeeindruckt und spielte unbekümmert weiter. Nach kurzer und hektischer Verabschiedung waren wir wieder alleine. Auf diesen Bericht waren wir gespannt.....

Mit eidesstattlicher Aussage von Schwester Margret-Mary und dem Beschluss des Obersten Richters vom Zivilgericht in Kalkutta war ich als Vormund des „betreffenden Kindes" bestimmt worden. Gleichzeitig beschloss der Oberste Richter vom Zivilgericht Kalkutta, dass „Mr. (Name), Vormund des Minderjährigen „Vivian" genehmigt wird, das betreffende Kind nach West-Deutschland mitzunehmen." Der nächste Satz des Beschlusses aber hatte es in sich: „Wenn vom hiesigen Gericht beschlossen wird, muss betreffendes Kind ins Heimatland auf eigene Kosten zurückgebracht werden."

Wohl deshalb sah auch der Vormundschaftsrichter beim Amtsgericht eine große Dringlichkeit und verzichtete auf das Pflegejahr, das vor dem Beschluss der Adoption üblicherweise einzuhalten ist. Völlig überraschend und unangemeldet kam er eines Tages zu uns nach Hause…..

Eintrag im Tagebuch meiner Frau:
Donnerstag 10. September 1981: „Heute war Richter (Name) vom Amtsgericht überraschend bei uns. Er wollte sich überzeugen, ob sich Vivian gut eingelebt hat und ein Eltern-Kind-Verhältnis entstanden ist. Er war angenehm von unserem Sohn überrascht."
Donnerstag 17. September 1981: „Vivian ist jetzt auch amtlich unser Sohn. Heute kam die Adoptionsurkunde."

Im rechtswirksamen Beschluss des Amtsgerichts vom 17.09.1981 ist wörtlich folgendes nachzulesen:

„Das minderjährige Kind Vivian, geboren am (Datum) in Indien, herrenloses und ausgesetztes Kind aus Indien, Religion unbekannt, männlichen Geschlechts, den Annehmenden seit 08.06.1981 übergeben, ist von den Eheleuten (Namen und Geburtsdatum) alle wohnhaft in (Anschrift) gemäß § 1752 BGB als Kind angenommen worden. Das Kind erhält den Geburtsnamen (Name) und einen weiteren Vornamen, so dass es jetzt „(Name) Vivian" heißt."

Als wir „herrenlos und ausgesetzt" lasen, dachten wir zunächst an eine Wortfindungsstörung des Verfassers, weil diese Formulierung nicht zwangsläufig auf ein Baby schließen lässt, um es mal diplomatisch auszudrücken. Sei's drum, wichtig war, dass das Jugendamt als gesetzlich vorgeschriebener Ergänzungspfleger dem Antrag zugestimmt hatte und der Richter auch.

In seiner Begründung führte der Richter aus: „Aus dem Bericht des Jugendamtes vom 27.08.1981 ergibt sich auch, dass die Annahme als Kind dem Wohle des Kindes entspricht. Vivian hat inzwischen seine Pflegeeltern als erste Bezugspersonen angenommen. Er macht einen fröhlichen und zufriedenen Eindruck, so dass angenommen werden darf, dass er sich wohl und geborgen fühlt. Trotz der relativ kurzen Pflegezeit ist also bereits ein Eltern-Kind-Verhältnis entstanden. Dies konnte der Vormundschaftsrichter anläßlich einer direkten Kontaktaufnahme mit dem Kind auch feststellen. Die erforderliche Anhörung des Landes-Jugendamtes ist erfolgt. Bedenken in rechtlicher und tatsächlicher Hinsicht wurden von dieser Seite auch nicht geäußert. Die Erteilung eines weiteren Vornamens durfte nach Paragraph 1757(2) BGB erfolgen, da der Name Vivian nicht typisch geschlechtsbezogen ist."

Ein Polizei-Kollege aus der gleichen Dienstgruppe, ebenfalls Familienvater wie ich, machte mich darauf aufmerksam, dass ich Anspruch auf zwei Tage Sonderurlaub hätte, dieser würde mir beamtenrechtlich bei Geburt eines Kindes zustehen. Gesagt, getan! Nur wenige Tage nachdem ich den schriftlichen Antrag eingereicht hatte, wurde ich zum Dienststellenleiter gebeten. Er teilte mir in seiner stets launigen und brummigen Art mit, dass er den Sonderurlaub nicht gewähren könne, weil meine Frau das Kind ja nicht geboren habe. Wenn der gute Mann gewußt hätte, wie kompliziert eine Adoption im Vergleich zu einer natürlichen Geburt ist, hätte er vielleicht anders entschieden. Auch heute noch bin ich mir sicher, dass bei wohlwollender und großzügiger Auslegung der entsprechenden Vorschriften genug Ermessensspielraum vorhanden war, um meinem Antrag stattzugeben. „Kinderfreundliches Deutschland", dachte ich nur. Verdutzt, enttäuscht und kopfschüttelnd verließ ich sein Büro.

Nur wenige Jahre später ließ ich den gleichen Mann im gleichen Büro genau so verdutzt und enttäuscht zurück, als ich ihm meine Kündigung überreichte und vom Polizeidienst in die öffentliche Verwaltung wechselte. Das war mir eine große Genugtuung! Man trifft sich eben immer zweimal im Leben…..

MANDELAUGEN

Ein Anruf vom Adoptionsreferat in Osnabrück brachte weitere große Freude und Glück in unser Haus: Anhand unserer Adoptionsunterlagen hatte man ein passendes Baby aus Korea für uns ausgesucht. Der freundliche Herr am Telefon teilte meiner Frau mit, dass es ein kleines Mädchen sei, nähere Angaben samt schriftlicher Unterlagen kämen in den nächsten Tagen zu uns. Klar, dass meine Frau mich gleich im Büro anrief und die freudige Überraschung mitteilte. Nun sollten wir, mit ziemlicher Sicherheit noch in diesem Jahr, zum zweiten Mal Eltern werden. Ein unbeschreibliches Gefühl machte sich breit: Nach über zwei Jahren, ausgefüllt mit unzähligen Telefongesprächen, Autofahrten, Briefen, Besuchen und noch vielen anderen, oft zeitraubenden Kleinigkeiten samt nervenaufreibendem Hoffen, Bangen und Warten würde unser Glück bald perfekt sein: Unser zweites Kind, eine Tochter aus dem fernen Süd-Korea, wird zu uns kommen……

Eintrag im Tagebuch meiner Frau:
Freitag 18. September 1981: „Anruf von TdH. Unsere Tochter kommt.“

Samstag 19. September 1981: „Heute kam ein Eilbrief mit ersten Berichten und Fotos."

Welch eine Überraschung! Immer wieder sahen wir uns das Bild unserer kleinen Tochter an: Mandelaugen und struwwelige Haare, eingewickelt in helle Baby-Kleidung und mit exotisch klingendem Namen, den wir sehr oft aussprachen: „Kim Mee Ree", wobei Kim in Korea ein sehr häufiger Familienname und Mee Ree (ausgesprochen Miri) der Rufname ist.

Der Brief kam tatsächlich schon am nächsten Tag zu uns per Eilpost, als hätte man in Osnabrück gewußt, dass wir täglich sehnsüchtig auf Post warteten: Aufgeregt lasen wir: „Wenn Sie die kleine Kim Mee Ree, geb. am (Datum), als Tochter bei sich aufnehmen möchten, so können Sie die notwendigen Papiere anhand der Vordrucke zusammenstellen und an uns zurücksenden." Welch eine Frage: Natürlich wollten wir! Darauf hatten wir doch so lange und so sehnlich gewartet.

Der genaue Termin ihrer Ankunft stand noch nicht fest, er würde uns aber rechtzeitig mitgeteilt werden. Gott sei Dank, denn eine weitere nervenaufreibende plötzliche

69

„Entbindung am Flughafen" wie bei Vivian hätten wir nicht noch einmal gebraucht……

Innerhalb weniger Tage hatten wir alle Unterlagen zusammen:
Statement of Adoption, Affidavit of Support, Zusage der Pflegeerlaubnis des Jugendamtes mit englischer Übersetzung, Schreiben an die Koreanische Regierung mit Verpflichtungserklärung, das koreanische Kind nach deutschem Recht zu adoptieren - alles notariell beglaubigt und mit Einschreiben zurückzusenden nach Osnabrück. Aus dem beigefügten Merkblatt entnahmen wir, dass bis zur Ankunft des Kindes noch mehrere Monate vergehen können. Also, wieder warten - aber das waren wir ja mittlerweile gewohnt.

Eintrag im Tagebuch meiner Frau:
Sonntag 20. September 1981: „Vivian schläft sehr unruhig. (gleiche Einträge vom 21. bis 24.09.)

Donnerstag 24. September 1981: „Alle erforderlichen Unterlagen für unsere Tochter an TdH geschickt. Hoffentlich geht alles gut."
Samstag 26. September 1981: „Vivian sagt jetzt „aa"

wenn er zur Toilette muss, manchmal aber erst, wenn er schon gemacht hat."

Mittwoch 07. Oktober 1981: „Vivian schläft zum ersten Mal die ganze Nacht durch."

Samstag 24. Oktober 1981: „Heute waren wir zu Besuch bei Oma und Opa in Bayern. Vivian findet die Stallhasen ganz toll. Wenn er sie sieht, sagt er ganz aufgeregt „Hasse, Hasse."

Am Dienstag, 27. Oktober 1981 fuhren wir mit dem Schnellzug „Johann Strauß" nach Wien. Vivian war während der gesamten Fahrt sehr entspannt. Sehr wahrscheinlich war es seine erste Bahnfahrt - und schnell war der Zug auch noch. Kein Wunder, dass er oft fasziniert aus dem Fenster sah, an dem die Landschaft mit großer Geschwindigkeit vorbeirauschte. Nach vielen Stunden Bahnfahrt, die unser kleiner Sohn recht unkompliziert überstand, kamen wir um 15 Uhr bei strömendem Regen am Wiener Westbahnhof an. Vivians Taufpatin und deren Ehemann hatten wir einige Jahre zuvor während eines Urlaubs in Tunesien kennengelernt und uns angefreundet. Bei ihnen verbrachten wir einige schöne und erlebnisreiche Tage. Sehr gut erinnern wir uns beide daran, dass Vivian nach seiner Rückkehr am Samstag, 31. Oktober, als wir ihn wieder in seinen Autokindersitz setzten, sich unbändig freute, lauthals lachte, mit den Armen um sich schlug und ganz offensichtlich sehr froh war, wieder bekannte und vertraute Dinge um sich zu haben. Heute sind wir ziemlich sicher, dass er unbewußt Angst hatte, schon wieder ein neues Zuhause zu bekommen, und nun sehr erleichtert war, dass alles so blieb, wie es war……

Eintrag im Tagebuch meiner Frau:
Dienstag 27. Oktober 1981: „Heute machen wir unsere erste gemeinsame Reise. Wir fahren mit dem Johann-Strauß-Schnellzug nach Wien, wo wir bei strömendem Regen ankommen.
Unsere Freunde freuen sich sehr, Vivian endlich zu sehen. Sie sind sehr begeistert von unserem Schatz. Vivian findet das Baby unserer Freunde sehr aufregend. Wenn es schreit, sagt er ganz aufgeregt mit erhobenem Zeigefinger: „Horch, Baby“.

Samstag, 31. Oktober 1981: „Heute fahren wir wieder zurück. Als Vivian endlich wieder in seinem Autositz ist, bricht er in schallendes Gelächter aus. Es dauert über fünf Minuten bis er sich beruhigt hat."

In baldiger Erwartung unserer Tochter, wir wollten sie „Julia" nennen, richteten wir in der ersten Novemberwoche die letzten Kleinigkeiten ihres Kinderzimmers ein: Kuscheltiere, Wickeltisch, Babybett, Mobile und, und, und - sie sollte sich bei uns gleich sehr wohl und geborgen fühlen.

Eintrag im Tagebuch meiner Frau:
Montag 02. November 1981: „Heute fangen wir an, Julias (so soll unsere Tochter heißen) Zimmer fertig einzurichten."

Dienstag 03. November 1981: „Besuch bei der Kinderärztin: Vivian hat auf der rechten Schulter eine Infektionserkrankung. Wir müssen einen weiteren Termin ausmachen."

Am gleichen Tag erhielten wir einen überraschenden Anruf von Frau H. aus Siegen: Sie teilte uns mit, dass sie und ihr Mann Anfang Juni im Waisenhaus in Kalkutta waren, um ihre Tochter abzuholen. Dort hatten sie

73

spätabends unseren Sohn gesehen und ein paar Fotos gemacht. Sie hätten ihn um ein Haar mit nach Deutschland gebracht, was aber nicht möglich war, weil sie mit ihrer Tochter vor ihrer Heimreise nach Deutschland noch eine Woche Urlaub in einem indischen Badeort verbrachten, um sich erst einmal richtig kennenzulernen. Sie wollte uns die Bilder zusenden. So bekamen wir dann auch ihren Brief vom 02. November 1981, in dem Sie schrieb:

Liebe Familie (Name),
wie bereits telefonisch besprochen, schicke ich Ihnen die beiden Fotos aus Indien.
Die Schwester, die den kleinen Jungen mit dem grünen Hemd auf dem Arm hält, ist Schwester Margret-Mary.
Das Bild wurde so gegen 22 Uhr gemacht. Der kleine Mr. (Name), so wurde er von Schwester Margret-Mary liebevoll genannt, hatte kurz zuvor noch tief und fest geschlafen. Schwester Margret schwärmte uns richtig von dem kleinen Jungen, den wir beinahe mitgebracht hätten, vor. Ich glaube, Schwester Margret-Mary hatte ihn ganz besonders in ihr Herz geschlossen. Unsere Tochter wird hier auf den Fotos von Schwester Mary Rosita getragen. Dies ist eine ganz besonders liebe

74

Schwester, die wir hoffentlich wieder einmal sehen werden. Ich hoffe, daß Sie Ihren Sohn auf den Fotos wiedererkannt haben.
Es würde mich und natürlich die ganze Familie freuen bald etwas von Ihnen zu hören. Sollten Sie einmal in unsere Nähe kommen, sind Sie herzlich eingeladen.
Es grüßt Sie (Name) mit Familie

Nur wenige Wochen später, das Datum wissen wir nicht mehr, aber noch vor Ankunft unserer Tochter, besuchte uns tatsächlich das Ehepaar aus Siegen mit ihrer Tochter, die im gleichen Jahr wie unser Sohn geboren wurde und vermutlich über lange Zeit im gleichen Saal des Waisenhauses schlief wie Vivian. Beide Kinder spielten ein wenig miteinander, waren aber immer darauf bedacht, bald wieder bei ihren eigenen Eltern zu sein. Einige Bilder von diesem Besuch befinden sich in unserem Familienalbum. Von diesem Ehepaar erfuhren wir, dass im Schlafsaal des Waisenhauses etwa 120 Kinderbetten standen, dicht gedrängt, Bett an Bett, die meisten aus Metall. Betreut wurden die Kinder von drei Schwestern oder ehrenamtlichen Helferinnen oder Helfern. Man kann sich ausrechnen oder vorstellen, wieviel Zuwendung jedes einzelne Kind im Laufe eines

Tages erhielt. Die Zahlen-Relation zwischen Kindern und Betreuern zeigt die enorme und bewundernswerte Leistung der Ordensschwestern. Wir erfuhren auch, dass die Schwestern allesamt sehr liebevoll und achtsam mit allen Kindern umgingen und ihnen, wo immer es möglich war, zumindest ein Lächeln schenkten. „Nomen est omen" - die „Missionaries of Charity" - die „Missionare der Nächstenliebe" wurden ihrem Namen offenbar mehr als gerecht.

Leider haben wir diese Familie im Laufe der Jahre aus den Augen verloren. Wir erfuhren aber, dass Frau H. aus Siegen noch viele weitere Kinder aus der Dritten Welt adoptierte und einige Jahre später sogar eine eigene soziale Organisation gründete.

Am 12. November 1981 erhielten wir einen Anruf vom Adoptionsreferat in Osnabrück, daß unsere Tochter in wenigen Tagen kommen wird: Dienstag, der 17. November, näheres würde noch schriftlich mitgeteilt. Tatsächlich war am übernächsten Tag der versprochene Brief im Kasten: Mit Flug LH 113 würde unsere Tochter um 12:10 in Frankfurt ankommen. Treffpunkt mit Frau E. vom Adoptionsreferat am Meetingpoint um 11.40 Uhr.

Unsere Freude war riesig! Nach so vielen Jahren ohne Kinder sollten wir in nur einem Jahr und innerhalb weniger Monate gleich zwei bekommen. Wir zählten die Tage und Stunden bis zum 17. November.....

Eintrag im Tagebuch meiner Frau:
Montag 16. November 1981: „Heute haben wir uns kurzfristig einen neuen Namen für unsere Tochter ausgesucht. Sie soll MeeRee mit zweitem Vornamen heißen."

Am Ankunftstag unserer Tochter fuhren wir zunächst zu meinen Eltern, um Vivian in deren Obhut zu geben. Sehr gerne hätten wir unseren Sohn dabei gehabt, wenn seine Schwester ankommt, aber wir konnten ihn nicht mitnehmen, weil TdH von der zwischenzeitlichen Adoption von Vivian nichts wußte und einen Abstand von zwei Jahren zwischen zwei Kindern dringend empfohlen hatte. Um möglichen Ärger oder gar Probleme zu vermeiden, entschlossen wir uns zu dieser Vorgehensweise. Mittlerweile wußten wir, dass Vivian auch im Umgang mit anderen, ihm bekannten Menschen, sehr unkompliziert war und unsere Abwesenheit keine große Schreierei auslösen würde. So „verdrückten" wir uns in einem geeigneten Moment und fuhren mit einigen

Utensilien, Spielsachen und vielen Emotionen zur „nächsten Geburt am Airport"…

Überpünktlich trafen wir am vereinbarten Meeting-Point am Airport Frankfurt ein. An diesem Tag sollten fünf Kinder aus Süd-Korea ankommen. Und so waren wir rund 10 bis 15 Personen, die sich begrüßten und gemeinsam auf die Ankunft ihrer Kinder freuten. Neben all der Freude und spürbaren Aufgeregtheit machte sich zudem eine nicht greifbare Nervosität bei allen anwesenden Eltern breit. Gut, dass Frau E. von TdH bei uns war, sie war sozusagen unser „Geburtshelfer". Trotz aller Professionalität schien auch sie etwas angespannt zu sein, denn ihr Zigarettenkonsum war enorm. Sie prüfte zunächst ob alle Eltern anwesend waren, was auch der Fall war. Hin und wieder, so erzählte sie uns, sei es vorgekommen, dass Eltern wegen einer Panne, eines Unfalls oder anderer unvorhersehbarer Ereignisse nicht rechtzeitig am Flughafen sein konnten. Die Eltern kamen ja aus allen Ecken der Bundesrepublik und hatten teilweise eine stundenlange Anfahrt. Manche von ihnen reisten sogar schon einen Tag früher an und verbrachten eine Nacht in einem Hotel am Flughafen. Für solche Fälle, in denen die Eltern nicht anwesend waren, hatte sie wohl einen „Plan B", den sie aber an diesem Tag nicht würde auspacken müssen.

Ein paar Verhaltenshinweise von ihr, wie wir in den ersten Minuten mit unseren Kindern umgehen sollten, beruhigten uns. Gemeinsam gingen wir zum Flugsteig der Lufthansa, wo wir in einem besonderen Bereich warten konnten, unweit des Raumes für „Mutter und Kind". Es war sozusagen unser „Kreißsaal".

Unsere Kinder dort in Empfang zu nehmen wo alle Fluggäste herauskamen und meist von vielen Menschen erwartet wurden, wäre sehr unpassend gewesen. Den Augenblick der „Geburt" wollten und sollten wir ohne Öffentlichkeit erleben, weil er einfach zu privat, zu persönlich und viel zu intim für Außenstehende wäre. Und so standen oder saßen wir wartend unweit der Stelle, an der die Fluggäste das Flugzeug verlassen.
Endlich, nach einer gefühlten Ewigkeit, kam die Boeing 727 aus Paris und dockte an den „Zusteigefinger" des Gates an. Frau E. von TdH verließ uns, um dem koreanischen Ehepaar, das die fünf Kinder während der gesamten Reise von Seoul über Anchorage nach Paris mit Korean Airlines und von Paris nach Frankfurt mit

Lufthansa begleitet hatte, zu helfen. Nachdem nahezu alle Passagiere das Flugzeug verlassen hatten, kamen endlich auch sie….

Eintrag im Tagebuch meiner Frau:
Dienstag 17. November 1981: „Heute um 12:10 Uhr kam unsere Tochter aus Süd-Korea von Seoul über Paris in Frankfurt an. Mit ihr kamen noch vier andere Kinder: ein Junge (5) zwei Mädchen (2) und (3) und ein Säugling von 8 Monaten. Alle Kinder wurden von einem koreanischen Ehepaar begleitet. Alle Eltern warteten ungeduldig, bis endlich die Maschine gelandet war und die Kinder von Frau E. von TdH an uns übergeben wurden. Unsere Tochter erkannten wir sofort, sie lachte schon von weitem. Als wir sie endlich in die Arme schließen konnten, war unser Glück unbeschreiblich."

MeeRee wurde von Frau E. von TdH getragen. Obwohl wir unsere Tochter nur von kleinen schwarz-weiß-Bildern kannten, steuerten wir direkt auf sie zu. Die Übergabe war bestimmt nicht weniger emotional als bei einer leiblichen Geburt. MeeRee hielt sich sofort an ihrer „neuen" Mama fest und schien guter Laune zu sein. Vor lauter Aufregung hätte ich fast vergessen, ein paar Fotos zu machen. Beide waren wir einfach nur glücklich. Bei meiner Frau flossen die Tränen, aber nicht nur bei ihr. Alle Eltern waren tief bewegt. Die Ankunft unserer Kinder, auf die wir so lange gewartet hatten - nun aus dem Bauch des großen Flugzeuges aus einer anderen, fernen Welt kommend - traf uns alle mit großer emotionaler Wucht.....

Wieder wurde bei uns Beiden, wie schon bei Vivian, urplötzlich ein innerer Hebel umgelegt. MeeRee war von einem auf den anderen Augenblick unsere Tochter, so, als hätten wir sie von Geburt an bei uns gehabt. Ein tiefes Gefühl von Dankbarkeit und Liebe von Mutter und Vater zu ihrer Tochter.

Übrigens: Ein Gefühl oder gar das Bewusstsein, unsere Kinder „nur" adoptiert und nicht selbst gezeugt und geboren zu haben, machte sich nie bei uns bemerkbar, nicht einmal ansatzweise - bis heute nicht!

Kurze Zeit später saßen alle Eltern mit noch tränenfeuchten Augen und ihren „neugeborenen" Kindern im „Raum für Mutter und Kind" und versuchten sehr bedächtig, ersten Kontakt mit ihnen aufzunehmen. Ein erstes zärtliches Streicheln, Händchen halten, lächeln und Interesse für mitgebrachte Kuscheltiere zu wecken.

Als ich wenig später unsere Tochter zum ersten Mal im Arm hielt, war ich überglücklich. Alle Mühen der letzten Jahre waren wie weggeblasen. Dieses Baby, dieses Mädchen, war jetzt unsere Tochter aus Seoul in Süd-Korea, auf die wir so lange gewartet hatten - über zwei Jahre. MeeRee trank in meinem Arm ihr erstes Fläschchen Milch, das wir mitgebracht und vor Ort erwärmt hatten. Während sie trank, schaute sie mich fast unentwegt an - ein unglaublich schönes Gefühl.

Meine Frau hatte alles wunderbar vorbereitet und all die Dinge in einem Babykorb mitgebracht, die wir eventuell hätten brauchen können. MeeRee hatte offenbar großen Hunger und einen „guten Zug", denn die Flasche war un-glaublich schnell leer getrunken. Ein paar Tage später fanden wir heraus, dass wir ihren ständigen Hunger und das schnelle Trinken etwas bremsen konnten, indem wir den Gummischnuller austauschten und die Öffnung etwas kleiner machten. Nach geraumer Zeit verab-schiedeten sich alle Eltern voneinander und von Frau E. von TdH. Auch wir tauschten beste Wünsche aus und fuhren nach Hause. Viele Eltern hatten ja noch eine lange Heimreise vor sich. Wir, die wir nur eine knappe Stunde vom Airport entfernt wohnten, hatten es deutlich besser.

Während der Fahrt sah ich im Rückspiegel, dass sich MeeRee schon langsam mit ihrer Mutter anfreundete, hin und wieder lachte und einen glücklichen und zufriedenen Eindruck machte.

Bei meinen Eltern angekommen, blieb meine Frau mit MeeRee im Arm im Auto sitzen, während ich Vivian abholte, der auf dem Boden in der Küche spielte und uns offenbar noch nicht vermisst hatte. Meine Eltern gaben mir noch einen Topf mit Linsensuppe und Würstchen mit. Noch heute weiß ich, dass der Deckel mit einem dicken Gummi befestigt war, so dass nichts überschwappen konnte. Andächtig schauten meine Eltern in das Auto und betrachteten unsere Tochter wie ein neugeborenes Baby, was sie in gewisser Weise ja auch war. Vivians Neugierde war ziemlich groß, als er seine kleine Schwester zum ersten Mal sah. Zuhause angekommen, versuchte er ständig, ihr einen Kuss zu geben, was MeeRee aber überhaupt nicht mochte und sofort aus Leibeskräften schrie, wenn er wiedermal mit gespitzten Lippen auf sie zukam.

Nur Stunden später krabbelten beide Kinder gemeinsam durch die Wohnung und gewöhnten sich relativ rasch aneinander. MeeRee lachte schon des öfteren, wenn ihr etwas Spaß machte oder sie plumpsend auf den Hintern fiel.

Etwas problematischer war das Schlafen. MeeRee war es sehr wahrscheinlich nicht gewohnt, alleine zu schlafen und so suchte sie ständig Körperkontakt, was schließlich dazu führte, dass sie nur ruhig war, wenn sie mitten auf meinem Bauch lag. Besonders in der Einschlafphase umklammerte sie mich wie ein kleiner Koala-Bär. Erst nachdem sie tief und fest schlief, was manchmal recht lange dauerte, konnte ich mich wie ein Indianer davonschleichen. Doch wehe, wenn ein Geräusch sie weckte und sie niemanden bei sich spürte. Dann war das Geschrei riesengroß und die Prozedur ging von vorne los. Hin und wieder schlief ich sogar selbst dabei ein.

Erst nach einigen Tagen - oder gefühlten Wochen - gelang es uns, sie daran zu gewöhnen, alleine in ihrem Kinderbett zu schlafen. Besonders in den ersten Nächten wollte sie alle vier Stunden trinken, was wir ihr so schnell wie möglich abgewöhnen wollten, weil sie eh zu pummelig war und zur Nachtzeit bei uns geschlafen und nicht gegessen wird. Wir sind ja schließlich in Deutschland….. da herrscht Ordnung und Disziplin.

Doch Spaß beiseite: Heute wissen wir, dass MeeRee die Ess- und Trinkgewohnheiten ihrer Pflegeeltern gewohnt war und womöglich noch unter dem Jetlag litt. Süd-Koreas Hauptstadt Seoul ist uns immerhin acht Stunden voraus, ein gewaltiger Zeitunterschied für ein zehn Monate altes Baby.

Unsere Geduld wurde besonders in den ersten Tagen nach ihrer Ankunft arg strapaziert, denn MeeRee schrie aus Leibeskräften, wenn sie Hunger hatte oder ihr etwas nicht passte. Nur langsam näherten wir uns an die gewohnten und festen Rituale unseres bisherigen Familienlebens. Hilfreich war uns dabei der „Pre-Flight Child Report" der koreanischen Pflegeeltern, den wir erst einige Tage nach MeeRee's Ankunft in Ruhe übersetzen konnten. Mit Datum vom 14.11.1981, also nur drei Tage vor MeeRee's Abflug nach Deutschland, gab die zuständige koreanische Sozialarbeiterin folgenden Bericht zu Protokoll:

Essgewohnheiten: Sie nimmt gut 240 ccm Milch, gemischt mit Reispulver alle drei Stunden zu sich. Sie isst ein wenig Brot, Früchte und Kekse als Zwischenmahlzeit. Sie hält ihr Trink- Fläschchen mit beiden Händen.

Schlafgewohnheiten: Sie wird um 22 Uhr ins Bett gebracht und wacht gegen 06 Uhr auf. Sie trinkt in der Zwischenzeit zweimal Milch. Sie dreht sich oft während des Schlafs. Tagsüber schläft sie zweimal für eine Stunde. Sie schlägt ihre Bettdecke zurück. Sie meckert ein bisschen vor dem Schlafen gehen.

Toilette: Sie hat normalen Stuhlgang einmal am Tag. Sie mag es, frische Windeln zu bekommen.

Sprache: Sie spricht Umma, Mama, Appa. Sie lacht laut wenn man sich in der Babysprache mit ihr unterhält. Sie dreht den Kopf, wenn man ihren Namen ruft. Sie steht auf, wenn man sie an der Hand hält. Sie reißt gerne Papier kaputt.

Persönlichkeit: Sie ist nicht scheu mit Fremden. Sie mag es zu baden und auch im Freien zu sein. Sie versucht, jemandem im Gesicht zu lesen. Sie mag es, gekitzelt oder auf dem Rücken ihrer Pflegeeltern getragen zu werden.

Dieser Bericht bestätigte uns, dass sich MeeRee's bisherige Ess- und Schlafgewohnheiten deutlich von denen unserer Familie unterschieden. Auf Dauer konnte das so nicht bleiben, denn insbesondere nachts brachte sie unseren Rhythmus ziemlich durcheinander. Um eine Angleichung zu erreichen, mußten wir sie nach und nach umgewöhnen. Mit Geduld und Liebe und vor allem Verständnis für unsere „kleine Schnecke", wie wir sie oftmals nannten, und ihrer Reise um die halbe Welt, brachten wir auch das irgendwie hin. MeeRee taute von Tag zu Tag stärker auf und begann sich richtig wohl bei uns zu fühlen.

Wichtig war ihr immer körperliche Nähe zu ihrer Mutter oder zu mir. Wenn Vivian bei einem von uns auf dem Schoß saß, wollte auch sie dorthin. Umgekehrt wollte auch Vivian nicht zu kurz kommen. Und so hatten wir, wenn einer von uns alleine war, oftmals auf jedem Knie ein Kind sitzen. Ansonsten teilten wir uns auf, so dass beide Kinder einen Elternteil auch mal für sich alleine hatten. Meistens aber taten wir Vier alles gemeinsam, zumindest wo immer es möglich war. Auch Vivian spielte nun des öfteren mit seiner kleinen Schwester, ohne dass es Streit oder böse Reaktionen gab. Überhaupt beobachteten wir, dass beide Kinder nach und nach fast unzertrennlich waren. Später, als beide in den örtlichen Kindergarten gingen, war das besonders auffällig. „Wo ist Madad" und „wo ist Mimai" fragten beide, wenn mal der Bruder oder die Schwester nicht in der Nähe war. Dies ging so weit, daß MeeRee von heute auf morgen nicht mehr in den Kindergarten wollte, als Vivian zur Schule ging. Aus und vorbei, ohne Vivian ging sie nicht mehr dorthin. Uns blieb nur, sie abzumelden.

Nach ein paar Tagen entfernten wir nun auch MeeRee's verplombtes Plastik-Armbändchen von ihrem Hand-gelenk, auf dem ihr Name, ihr Geburtsdatum und unser Name stand. Es ist schon bemerkenswert, dass wir auch ohne dieses Erkennungsmerkmal am Airport auf das richtige Baby, nämlich unseres, zugesteuert waren. Wie schon bei Vivian, haben wir dieses Relikt aus dieser bewegenden Zeit in unserem Familienalbum aufbewahrt.

Eintrag im Tagebuch meiner Frau:
Mittwoch 18. November 1981: „Vivian hat seine kleine Schwester gut aufgenommen (Hoffentlich bleibt es so)"
Donnerstag 19. November 1981: „Besuch beim Kinder-arzt: MeeRee ist kerngesund. Sie ist 68 cm groß und wiegt 8700 Gramm. (viel zu pummelig!!!)"
Freitag 20. November 1981: „MeeRee schläft bis etwa 04 Uhr früh, wenn wir sie um 21 Uhr ins Bett legen.

Dann will sie Tee trinken und schläft gleich wieder ein. Zu ihrem Papa geht MeeRee am liebsten. MeeRee kann sich schon gut alleine beschäftigen und spielen. Sie krabbelt auf allen Vieren durch die Wohnung."

EIN KRAMPF

Eintrag im Tagebuch meiner Frau:
Montag 23. November 1981: „Heute, am Abend, haben beide Kinder zusammen gebadet. Beim anschließenden Abtrocknen gab ich Vivian einen Klaps auf den Po, weil er sich nicht abtrocknen ließ. Er holte für einige Minuten keine Luft und bekam einen Krampf. Es war sehr schlimm. Zur Sicherheit sind wir noch ins Krankenhaus gefahren. Vivian bekam ein Zäpfchen (Luminal). Er schlief die ganze Nacht durch."

Dienstag 24. November 1981: „Gegen Mittag waren wir noch bei der Kinderärztin. Sie hat Vivian noch eine Weile beobachtet und meinte, dass er eine Überreaktion auf das Zäpfchen zeige. Er war ständig müde. MeeRee kann ca. 4-5 Sekunden frei stehen, dann lässt sie sich fallen.

Vivians Krampfanfälligkeit sollte uns noch für einige Jahre buchstäblich in Atem halten. Schon bald bemerkten wir seine Anfälligkeit auf plötzlichen Schreck und Schmerzen nahezu immer mit einem Krampf zu reagieren. Unmittelbar nach einem solchen Anlass öffnete er kurz seinen Mund, sog Luft ein, schloß die Augen und war „weg". Seine Ohnmacht war schon rein optisch für uns der reinste Horror. Alles an ihm baumelte wie leblos, er reagierte auf nichts. Es konnte, wie beim ersten Mal, Minuten und für uns eine gefühlte Ewigkeit dauern, bis er wieder mit einem tiefen Seufzer begann Luft zu holen.

Der harmlose Klaps auf den Po nach dem Baden war offenbar nur der Auslöser unserer jahrelangen Sorge und Angst vor einem erneuten Krampf. Nach mehreren Besuchen bei der Kinderärztin wegen vorangegangener Krämpfe entschied sie sich, uns nicht nur die krampflösenden Zäpfchen mitzugeben, sondern auch Klistiere, die normalerweise nur von einem Arzt verabreicht werden durften und innerhalb weniger Sekunden wirkten und den Krampf beendeten.

Über sehr viele Jahre gingen wir ohne „Bömbchen" und „Klistierchen" wie wir sie nannten, mit Vivian nicht aus dem Haus. Es störte uns nicht im geringsten, im Notfall dort, wo wir gerade waren, ihm das Medikament zu verabreichen.

Gut erinnere ich mich an zwei Ereignisse, bei denen das „Klistierchen" Schlimmeres verhinderte:

Einmal fuhr Vivian mit seinem Bobby-car auf dem mit Waschbetonplatten belegten Weg an unserem Haus entlang, als er rückwärts umkippte und mit seinem Hinterkopf auf eine Plattenkante fiel. Meine Frau war gerade im etwa einen Kilometer entfernten Nutzgarten, währenddessen ich mich um beide Kinder kümmerte. Gott sei Dank hörte ich das Geräusch des Umkippens und eilte sofort zu ihm. Der Krampf hatte schon begonnen; ein Anblick, der mich immer wieder schockierte. Mit dem am Hinterkopf blutenden und reglosen Vivian auf dem Arm lief ich ins Haus wo ich ihm wenige Augenblicke später das „Klistierchen" verabreichte, so dass er ziemlich schnell wieder Luft holte. Anschließend stillte ich die Blutung so gut es ging mit einem Druckverband. Per Telefon informierte ich meine Eltern mit der Bitte, in den Nutzgarten zu eilen und meiner Frau Bescheid zu sagen. Nach ihrer Rückkehr fuhren wir sofort zur Kinderärztin, die unserem arg gebeutelten Sohn eine kreisrunde Stelle abrasierte, ein Klammerpflaster samt frischem Kopfverband anbrachte. Bewundernswert ruhig ließ Vivian alles tapfer über sich ergehen. Noch heute kündet eine haarlose Stelle und eine Narbe von diesem Unfall. MeeRee gefiel der Kopfverband offenbar sehr gut, denn sie wollte ebenfalls einen haben. So kam es, dass unsere Kinder anschließend beide mit dicken weißen Kopfverbänden im Garten spielten......

Ein anderes mal krachte auf einer Gewerbeschau auf dem dortigen Spielplatz eine metallene Drehkurbel runter und fiel genau.... auf Vivians Hinterkopf. Auch hier leistete uns das „Klistierchen" gute Dienste, weil meine Frau es schnell zur Hand hatte und verabreichte, so dass der Krampf Sekunden später zu Ende war.

Noch heute sind wir unserer Kinderärztin dankbar, die uns nach ärztlicher Einweisung dieses Medikament anvertraute und damit manch zusätzlichen Stress ersparte.

Obwohl ich als Polizeibeamter täglich selbst mit Recht und Gesetz zu tun hatte und durchaus Verständnis für bürokratische Vorschriften aufbrachte, waren mir Behördengänge im Laufe der Jahre noch immer nicht ans Herz gewachsen. Und so überraschte es mich nicht, dass der Amtsschimmel ein weiteres Mal wieherte, als ich für unser zweites Kind beim Wirtschaftsverwaltungsamt der Hessischen Polizei in Wiesbaden „Antrag auf Änderung des Ortszuschlages" und gleichzeitig „Antrag auf Kindergeldzahlung" stellte. Beigefügt hatte ich Kopien aller Unterlagen, die ich zu diesem Zeitpunkt hatte und die ich für erforderlich hielt, um den Nachweis für meine Anträge zu erbringen: Pflegeerlaubnis des Jugendamtes, Mitteilung von TdH über Ankunft unseres Kindes, Anmeldebestätigung des Einwohnermeldeamtes, Haushaltsbescheinigung und Ausreisegenehmigung in die Bundesrepublik Deutschland samt koreanischem Kinderpass. Außerdem wies ich in dem formlosen Schreiben vom 25.11.1981 darauf hin, dass wir bereits über den Notar Antrag auf Adoption beim Amtsgericht gestellt hatten. Mehr ging einfach nicht.

Meiner Bitte auf baldige Bearbeitung wurde recht zeitnah entsprochen, denn schon mit Schreiben vom 02.12.1981 teilte mir jenes Amt in Wiesbaden mit, dass, so wörtlich: „Kindergeld für Pflegekinder nur dann gewährt werden kann, wenn der Antragsteller sie in seinen Haushalt aufgenommen hat und mit ihnen durch ein familienähnliches, auf längere Dauer berechnetes Band verbunden ist." Eine beigefügte förmliche Erklärung, die im Grunde nichts Neues aussagte, sollte baldmöglichst zurückgesandt werden, was ich selbstverständlich auch tat. Bei allem Verständnis für bürokratische Vorschriften glaube ich, dass ein Angelschein oder Waffenschein vermutlich leichter zu bekommen ist.

Eintrag im Tagebuch meiner Frau:
Samstag 28. November 1981: „Beide Kinder schlafen nachmittags. Vivian von etwa 13-15 Uhr, MeeRee bis ca. 16:30. Wenn MeeRee noch schläft, beschäftigen wir uns sehr intensiv mit Vivian. Er braucht uns zeitweise für sich alleine. Vivian ist wohl doch etwas eifersüchtig auf seine kleine Schwester. Er ist jetzt wieder ganz gesund."

Mittwoch 02. Dezember 1981: „MeeRee schläft nachts sehr unruhig, sie schreit sehr oft."
(gleiche Einträge am 03. und 04. Dezember 1981)
Donnerstag 05. Dezember 1981: „Vivian ist sehr eifersüchtig auf MeeRee. Wenn sie spielt (das kann sie

sehr schön), nimmt Vivian ihr das Spielzeug weg, spielt aber auch nicht damit, sondern wirft es im hohen Bogen durch's Zimmer. Vivian spricht schon sehr viele Wörter."

Sonntag 06. Dezember 1981: „Heute war eine ehemalige Arbeitskollegin mit ihrem Mann zu Besuch. Sie wird sehr gerne MeeRee's Taufpatin."

Montag 07. Dezember 1981: „Beide Kinder konnten heute sehr schön spielen - manchmal zusammen und bis zu fünf Minuten alleine."

Freitag, 11. Dezember 1981: „Heute waren wir mit Vivian beim EEG. Er hat alles bewundernswert über sich ergehen lassen. Er war großartig."

WEIHNACHTEN

Mittlerweile war es Dezember, die Adventszeit war da und ein kalter, langer Winter stand vor der Tür.

Meine Frau dekorierte unsere Wohnung sehr wohlig, gemütlich und weihnachtlich mit Kerzen, Kugeln,

Wurzeln und Engeln und anderen Utensilien, so dass die Kinder mit großen Augen zusahen und aufmerksam beobachteten, was sich in ihrer gewohnten Umgebung alles veränderte. Insbesondere der Christbaum hatte es ihnen angetan. Als er, gut zweieinhalb Meter lang vom Boden bis zur Decke, im Wohnzimmer stand und wir ihn gemeinsam mit roten Kugeln, echten Kerzen und Strohsternen schmückten, wurden die kleinen Kinderaugen immer größer. Wir glaubten, eine leichte Aufregung bei ihnen zu spüren. Kein Wunder, so dachten wir, es war ja auch ihr erstes Weihnachtsfest. Vielleicht täuschten wir uns aber auch und nicht unsere Kinder, sondern wir waren nervös, weil wir uns in all den Jahren des Wartens auf das „Fest der Familie" so sehr gefreut hatten und es bereits tausendmal in unserem Kopfkino stattgefunden hatte. Neun Jahre lang waren wir nun seit unserer Heirat an Weihnachten ohne Kinder, nicht selten auch meine Frau an Heilig Abend alleine, weil Polizeibeamte ohne Kinder in dieser Nacht immer Dienst hatten - was aus Sicht der Väter durchaus verständlich ist.

Alles sollte nun perfekt werden, vom Christbaum bis zu den Geschenken und einem leckeren Essen an Heilig Abend. Die Krippe war für unsere Kinder besonders interessant. Immer wieder nahmen sie das kleine Jesuskind vorsichtig in die Hand und stellten es nach genauer Betrachtung ebenso vorsichtig wieder vor den Stall.

Als es dann endlich soweit war und an Heilig Abend die Kerzen am Baum brannten und ich das Glöckchen läutete - was in den folgenden Jahren zu einem festen Ritual werden sollte - durften beide Kinder ins Wohnzimmer kommen, wo sie staunend und mit großen Augen den Christbaum und ihre darunter liegenden Geschenke betrachteten. Vor dem Auspacken sangen wir noch ein oder zwei Weihnachtslieder, dazu spielte ich Gitarre. Genau so hatten wir uns Weihnachten viele Jahre lang vorgestellt und davon geträumt. Ein paar Schmalfilmaufnahmen von unserem ersten gemeinsamen Weihnachtsfest, aufgenommen mit der Super-8-Kamera meines Schwiegervaters, die, gemessen an den heutigen Handy-Cams, riesige Ausmaße hatte, konnte ich vor wenigen Jahren auf eine DVD brennen, so dass wir sie uns auch heute noch anschauen können. Dem Himmel und der fortgeschrittenen Technik sei Dank: welch eine Freude, unsere Kinder nach so langer Zeit in bewegten Bildern zu sehen.

Eintrag im Tagebuch meiner Frau:
Sonntag, 27. Dezember 1981: „Weihnachten! Es waren
wunderschöne Tage. Die Kinder haben sich jetzt schon
gut aneinander gewöhnt. Zeitweise spielen beide sehr
schön zusammen. MeeRee wird von Tag zu Tag lustiger.
Vivian ist sehr aufgeweckt und witzig. Manchmal habe
ich Angst, dass unser Glück vergeht.“

Als es wenige Tage später schneite, waren unsere Kinder
sehr neugierig. Mit ziemlicher Sicherheit sahen sie zum
ersten Mal in ihrem Leben Schnee. Flocken, weich und
zart, die langsam vom Himmel fielen und den Boden
bedeckten, das Haus, den Garten und die Landschaft
sichtbar veränderten. Klar, dass wir an einem der
darauffolgenden Tage, als die Schneedecke ausreichend
dick war, unseren   Schlitten herausholten und mit den
Kindern eine lustige Schlittenfahrt unternehmen wollten.

Auf dem Schlitten hatten wir einen biegsamen Aufsatz
befestigt, der wie ein kleines Geländer aussah, so dass
beide Kinder hintereinander sitzen konnten. Vivian saß
hinten, MeeRee vorne. Gut möglich, dass es unseren
Kindern bei schönem Wetter Spaß gemacht hätte, so aber
schrie MeeRee nach nur wenigen Minuten aus Leibes-

kräften, vermutlich weil dichtes Schneetreiben herrschte, ihr andauernd Schneeflocken ins Gesicht fielen, zudem auch der Schlitten an jedem zweiten Maulwurf-Haufen umkippte und beide Kinder in den Schnee fielen. Vivian saß ziemlich eingequetscht hinter seiner kleinen Schwester und machte ebenfalls keinen glücklichen Eindruck. Etwas Freude kam auf, als ich mit jeweils einem Kind einen kleinen Hang herunter rodelte. Doch spätestens, nachdem wir beide Kinder zusammen auf dem Schlitten einen Mini-Hang nach unten schickten und beide erneut im Schnee landeten, war der Winter-spaß zu Ende. Rasch säuberten wir die schneebedeckten Gesichter und fuhren mit schreienden Kindern nach Hause. Nein, Wintersportler würden beide bestimmt nicht werden - obwohl sie heute recht gut Ski fahren.

Am Sonntag 10. Januar 1982 wurde MeeRee in unserer Kirche getauft. Wir gaben ihr die hebräische Form von „Maria" als Rufnamen. Den zweiten Vornamen behielten wir, wie schon bei Vivian, auch bei MeeRee bei. Er sollte eine „Brücke" zu ihrem jeweiligen Herkunftsland sein - eine gute Entscheidung, wie wir heute wissen. Wieder waren nahezu die gleichen Gäste anwesend wie bei Vivians Taufe. Diesmal aber konnte die Taufpatin dabei sein und das kleine Bündel auf dem Arm halten, als ihr der Kaplan das geweihte Wasser über den Hinterkopf tröpfelte.

Eine kleine Begebenheit ist uns noch recht gut in Erinnerung: Gleichzeitig wurden zwei weitere Kinder getauft, eines davon war der Sohn eines Schulfreundes von mir und dessen koreanischer Ehefrau. Etwas irritiert schien der Priester zu sein, als er nicht so recht wußte, welches Kind zu welchen Eltern gehörte. Bei unserer Tochter sah man wegen ihrer Abstammung und der ausgeprägten Mandelaugen sehr deutlich ihre asiatische Herkunft, beim nur wenige Wochen alten Jungen des anderen Ehepaares hingegen kaum, weil ja dessen Vater kein Koreaner, sondern Deutscher war. Da wir - beide Elternpaare - nebeneinander in einer Bank saßen, fragte der junge Priester, als er mit geweihtem Wasser und der Taufschale zur Tat schreiten wollte, die koreanische Frau meines Schulfreundes, wie „ihre Tochter denn heißen soll".…. Nachdem wir ihm sagten, wer zu wem gehörte und das Missverständnis aufgeklärt war, mußte auch er lachen. Gut, dass ein frommer „Mann Gottes" auch Humor haben kann.

Bei der anschließenden Tauffeier saßen „Madad und

Mimai" in ihren Kinder-Hochstühlen am Kopfende der langen Tafel und waren sichtlich entzückt und guter Laune wegen der vielen Leute, die allesamt ein liebes Wort und schöne Geschenke für sie hatten. Wieder hatten wir das Wohnzimmer ausgeräumt und Platz für die rund 20 Gäste geschaffen. Einige schöne Fotos von der Taufe, von unserer Kaffeetafel und von unseren Gästen haben wir in unserm Familienalbum.

Am Samstag, 16. Januar 1982, wenige Tage nach ihrer Taufe und zwei Wochen vor ihrem ersten Geburtstag, ging MeeRee im Wohnzimmer ihre ersten Schritte allein. Wie schon Vivian, hielt auch sie sich zunächst bei ihrer Mutter fest und lief dann ein paar wacklige Schritte und mit strahlenden Augen in meine ausgestreckten Arme. Laufen machte ihr zunehmend Spaß, auch wenn beide Kinder hin und wieder noch mal krabbelten.

Große Freude hatten sie immer, wenn beide auf meinem Rücken saßen und ich wie ein Pferd auf allen Vieren durch die Wohnung trabte. Solange man Teppichboden unter den Knien hat, macht so etwas noch Spaß, bei Fliesen aber tat es meist schon nach der zweiten Runde weh. So blieb es dann meist auch bei zwei Runden.....

IM DSCHUNGEL

Mit Datum vom 04. Februar 1982 beantragte unser Notar, wie schon zuvor bei Vivian, in unserem Namen beim zuständigen Vormundschaftsgericht des Amtsgerichts förmlich die „Adoption der minderjährigen Kim Mee Ree."

Die zuständige Sozialarbeiterin des Jugendamtes hatte bereits im Dezember der Vorjahres beim Amtsgericht „Antrag zur Bestellung der Amtspflegschaft" für unsere Tochter gestellt und diese am 18. Januar 1982 erhalten. Somit konnte sie als „Ergänzungspfleger für die minderjährige Kim Mee Ree deren Interessen beim Abschluss eines Adoptionsverfahrens vertreten", wie es so schön im Gesetz heißt. Ob allerdings der zuständige Vormundschaftsrichter auf die übliche und gesetzlich vorgeschriebene Wartefrist von einem Jahr auch dieses Mal verzichten würde, wie er es zuvor bei Vivian getan hatte, bezweifelten nicht nur wir, sondern auch der Notar. Die einjährige Wartezeit, in der die Adoptiv-Eltern nur „Pflege-Eltern" sind, soll dazu dienen, herauszufinden und abzuwarten, ob auch tatsächlich ein Eltern-Kind-Verhältnis entsteht. So kam es dann leider auch.

Mit Datum vom 15. Februar 1982 antwortete der Vormundschaftsrichter wie folgt:

„Sehr geehrter Herr Notar!

In der o.g. Sache wird mitgeteilt, dass die Akte im Spätsommer dem Jugendamt zur Stellungnahme übersandt wird, damit zum Ablauf des üblichen Pflegejahres der Bericht erstellt wird. Die Antragsteller können in diesem Verfahren nicht erwarten, dass das Vormundschaftsgericht wiederum vor Ablauf eines Pflegejahres entscheiden wird (§ 1744 BGB). In dem vorangegangenen Verfahren - betreffend „Vivian" - bestand die Gefahr, dass das Kind zurück verlangt wird. Diese Gefahr liegt hier objektiv nicht vor. Sollte für das Pflegejahr die Bestellung eines gesetzlichen Vertreters erforderlich werden, so ist das entsprechende Verfahren einzuleiten."

Im Klartext: wir mußten uns gedulden bis das Jahr vorüber war.

Um dem Gesetz Genüge zu tun, wartete unser Notar bis zum 23. Juli 1982, um erst dann das Vormundschaftsgericht zu bitten, den „Vorgang an das Jugendamt zu übergeben zur Erstellung des erforderlichen Berichts und alsdann die Akten dem dortigen Gericht zurückzugeben, damit die Adoption ausgesprochen werden kann."

Mit Gesetzen und Paragraphen des StGB, der StPO, des Verkehrs- und Waffenrechts usw. war ich als Polizeibeamter recht gut vertraut. Aber im Dschungel der Gesetze und Verordnungen eines deutschen Adoptionsverfahrens fühlte ich mich oft wie ein juristischer Laie, der dabei ist, die Orientierung zu verlieren. Ein Merkblatt vom Adoptionsreferat von TdH, das wir sehr oft zur Hand nahmen, um damit - wie mit einem Kompass - wieder die richtige Richtung anzupeilen, erwies sich in diesem Chaos als sehr hilfreich. Wir erfuhren darin zum Beispiel, dass in Korea kein Adoptionsverfahren durchgeführt wird, die koreanische Regierung aber grundsätzlich mit der Adoption durch Ausländer nach dem Gesetz des jeweiligen Heimatlandes einverstanden ist. Bestätigt wurde dies im koreanischen Pass unserer Tochter mit dem Vermerk: „Zweck der Ausreise: Adoption".

Weitere vier für das deutsche Adoptionsverfahren unerlässliche Papiere waren von den koreanischen Behörden in Deutsch und Koreanisch den persönlichen Unterlagen für MeeRee beigefügt:

- Familienbuch als Geburtsurkunde
- Bestallungsurkunde und Waisenerklärung des koreanischen Vormundes
- Einverständnis des Vormundes mit der Adoption durch mich
- notarielles Einverständnis mit der Adoption durch mich

Verpflichtend war außerdem der Hinweis, dass wir innerhalb von acht Tagen nach Ankunft unseres Kindes die „polizeiliche Anmeldung" vornehmen und beim zuständigen Jugendamt die „Erteilung der Pflegeerlaubnis" beantragen mussten, denn bisher hatten wir ja lediglich die „Zusage auf Erteilung der Pflegeerlaubnis." Anschließend seien wir ebenfalls verpflichtet, die „Adoption nach deutschen Recht" einzuleiten. Deutsches und koreanisches Recht sind, wie könnte es anders sein, in vielen Belangen unterschiedlich. Und so mussten im Adoptionsverfahren alle länderspezifischen Vorschriften berücksichtigt werden, denn es sollte ja alles legal „über die Bühne" gehen und am Ende eine für den deutschen Rechtsbereich gültige Adoption zustande kommen.

Gut, dass TdH mit seiner langjährigen Erfahrung hilfreiche Tipps geben konnte. So wurde in dem genannten Merkblatt zu Recht auf Folgendes hingewiesen:

„Sie müssen damit rechnen, daß Sie im Laufe dieses Verfahrens auf Schwierigkeiten stoßen, teils daraus resultierend, daß die zuständigen Behörden auf dem Gebiet noch keine Erfahrung haben, teils wohl auch aus Vorurteilen. Bitte melden Sie sich sofort, wenn Sie irgendwo nicht weiterkommen - wir werden versuchen, Ihnen Präzedenzfälle nachzuweisen, die Ihnen hoffentlich weiterhelfen." Und weiter:

„Lassen Sie sich durch Formalitäten nicht abschrecken - sie sind nötig, um Sie und Ihr Kind zu sichern und sollten deshalb mit Nachdruck betrieben werden. Sollten Sie irgendwann den Klageweg beschreiten müssen, so sollte TdH unbedingt benachrichtigt werden und eine Abschrift der Klage- Schrift erhalten."

Laut deutschem Gesetz erwirbt das minderjährige ausländische Kind mittels Adoption durch ein deutsches Ehepaar automatisch auch die deutsche Staatsangehörigkeit. Der Adoptionsbeschluß hingegen ist aber kein „Staatsbürgerschaftsnachweis", denn dieser wird nur auf Antrag beim zuständigen Landratsamt in Form einer schon äußerlich beeindruckenden Urkunde mit Bundesadler der Bundesrepublik Deutschland als „Staatsangehörigkeitsausweis" ausgestellt. Übrigens eine Urkunde, die die meisten deutschen Landsleute nicht kennen, geschweige denn haben, weil sie ja auch fast nie benötigt wird. Es sei denn, man adoptiert ein ausländisches Kind. In Deutschland ist eben alles geregelt, auch wenn nicht alles immer nachvollziehbar ist.

Kein Wunder also, dass mich der damalige Standesbeamte in meiner Heimatgemeinde ungläubig anschaute, als ich solches von ihm verlangte: Ein Staatsangehörigkeitsausweis für mich und meine beiden adoptierten Kinder. Zunächst mußte er aber einige Telefonate mit mehreren sogenannten „Fachberatern im Personenstandsrecht" führen, um den Durchblick zu bekommen; was bei einem solch selten vorgetragenen Ersuchen eines Mitbürgers sehr verständlich ist.

Auch wenn es diesem Beamten viel Arbeit bescherte, musste ich doch darauf bestehen, denn dieser Schritt der doppelten Absicherung war uns von TdH empfohlen worden, um wirklich „auf Nummer Sicher" zu gehen und alle nötigen und möglichen Nachweise zu sammeln. Mit dem Nachweis des Erwerbs der deutschen Staatsange hörigkeit verlor das in Deutschland von einem deutschen Ehepaar adoptierte Kind nach koreanischem Recht die koreanische Staatsangehörigkeit. Dies musste TdH nach §12 des koreanischen Staatsangehörigkeitsgesetzes dem koreanischen Justizministerium mitteilen. Auch deshalb wollten wir den besagten Nachweis der Staatsangehörigkeit erbringen.

Letzter Punkt des Merkblattes von TdH zum Adoptionsverfahren war die Verpflichtung, der koreanischen Kinderhilfsorganisation „Holt Childrens Services" - Ansprechpartner von TdH in Korea - zwei ausführliche Berichte in englischer Sprache zu übermitteln, und zwar einmal nach sechs Monaten und ein weiteres Mal zwei Jahre nach Ankunft des Kindes unter Berücksichtigung folgender Punkte:

- das Einleben des Kindes in der neuen Familie zum
- geschilderten Zeitpunkt
- Gesundheitszustand und vorhandene Krankheiten
- Schwierigkeiten (falls vorhanden)
- Bild mit oder ohne Familienmitglieder

Zudem bat die koreanische Hilfsorganisation ausdrücklich darum, gegebenenfalls auch Schwierigkeiten zu erwähnen, Schönfärberei wäre unangebracht.

Wegen Erkrankung unserer Übersetzerin konnten wir den geforderten Bericht nicht wie gewünscht nach sechs, sondern erst nach acht Monaten mit Datum vom 15.08.1982 an TdH schicken mit der Bitte um Weiterleitung an „Holt Childrens Service" in Süd-Korea.

„Bericht über Mee Ree (bei Ankunft 10 Monate alt):
Nach der ersten Kontaktaufnahme mit TdH im Juli 1979 und einer sehr langen Wartezeit wurden wir im November 1981, also fast zweieinhalb Jahre später - von einem Mitarbeiter von TdH angerufen; endlich war es soweit. Einige Monate zuvor hatten wir schon die ersten Bilder unserer Tochter bekommen - nun sollte sie also wirklich zu uns kommen. Eine leibliche Elternschaft konnte bestimmt nicht aufregender sein.

Etwa fünf Tage nach telefonischer Mitteilung über die genaue Ankunft unserer Tochter waren wir über eine Stunde früher am Meeting-Point des Frankfurter Airports. Nach einer halbstündigen Verspätung landete die Lufthansa-Maschine, aus Paris kommend, in Frankfurt. Als endlich die Betreuer von TdH und ein koreanisches Ehepaar insgesamt fünf Kinder im Arm

109

hielten und auf uns zukamen, war die Anspannung sehr groß. Sie wich erst langsam, als wir alle unsere Kinder in den Armen hielten. Alle Anwesenden hatten vor Rührung Tränen in den Augen.

Unsere Tochter MeeRee war recht unbekümmert und hielt sich sofort an ihrer „neuen" Mama fest. In dem „Raum für Mutter und Kind" lernten wir uns schon etwas näher kennen. Unsere Tochter war sehr ruhig und trank mit kräftigen Zügen ihre Milch. Dies sollte, wie sich noch herausstellte, ihre Lieblingsbeschäftigung werden. Zuhause war MeeRee dann sehr müde und weinte andauernd. Das abendliche Einschlafen war anfangs recht problematisch. Nach einigen vergeblichen Versuchen, sie alleine im Bett einschlafen zu lassen, schlief sie dann bei ihrem Papa ein, eng an den Hals gekuschelt und fest umklammert.

Die ärztliche Untersuchung am nächsten Tag ergab, dass MeeRee gesund und ihrem Alter entsprechend gut entwickelt ist.
Die ersten Tage und Wochen waren tagsüber ruhig und ausgeglichen, MeeRee machte einen aufgeweckten Eindruck. Nachts dagegen hatten wir nur selten Ruhe.

Von dem Bericht, der uns vorab zugegangen war wussten wir, was MeeRee an Mahlzeiten tagsüber und nachts zu sich genommen hatte. Im Vergleich zu hiesigen Verhältnissen war das eine Unmenge. MeeRee war zwar nicht dick, doch zumindest recht pummelig. Und so schrie MeeRee nachts nach nur wenigen Stunden Schlaf aus Leibeskräften. Alles war umsonst, nichts konnte sie beruhigen. Nur eine Flasche Milchbrei brachte die ersehnte Ruhe. Nach etwa zwei bis drei Stunden ging das Ganze vor vorne los. MeeRee hatte einen unbändigen Hunger. Ein paar Nächte später waren wir uns einig, dass wir etwas unternehmen mussten um ihr den nächtlichen Hunger abzugewöhnen. Nichts half, vom leichten Ausschimpfen bis zum Auf-den-Arm-nehmen. Sie schrie und schrie und wurde zornig und schrie weiter. Nur die Milchflasche brachte Ruhe.

Am nächsten Abend gaben wir ihr etwas mehr und etwas später als sonst ihr Essen. Die zeitliche Verzögerung machte sich sofort bemerkbar, die zweite Nachthälfte wurde länger ruhig. Nach ein paar Wochen war MeeRee durchaus „normal" in ihren Essgewohnheiten, erst am frühen Morgen wollte sie ihr Fläschchen. Heute isst MeeRee mit uns gemeinsam erst zum Frühstück. Mit

111

Gefühl und Geduld und einer kleinen Portion List haben wir hoffentlich das Richtige getan.

Mittlerweile kann MeeRee sehr schön spielen. Anfangs wusste sie offensichtlich mit Spielsachen nicht viel anzufangen, am liebsten riss sie Papier kaputt. Heute mag sie ein paar Kuscheltiere besonders gern, die sie beim Einschlafen fest im Arm hält.

Beim Spielen muss sie jedoch fast immer Blickkontakt zu uns haben oder durch Stimmen und Geräusche merken, dass jemand von uns anwesend ist. Zwischendurch will sie des öfteren auf den Arm, spielt dann aber meist unbekümmert weiter. Ihr Hunger hat sich etwas gelegt, ihr Appetit ist nach wie vor sehr gut. Sprachlich hat sich MeeRee ebenfalls gut entwickelt, sie spricht schon ziemlich viele Wörter und schaut uns groß an, wenn sie etwas nicht versteht. Bis auf ein paar kleine Warzen, die sich zu vermehren drohten und die wir behandeln ließen, ist MeeRee bis heute gesund geblieben. Sie hört gerne Musik und singt manchmal dazu. Schon drei Monate nach ihrer Ankunft, also im Alter von dreizehn Monaten, lernte MeeRee laufen. Eine große Passion hat MeeRee zum Wasser, denn ob sie eine kleine Pfütze sieht oder im Schwimmbecken oder in der Badewanne sitzt, sie plantscht und spielt und hat großen Spaß dabei. Eine *große Scheu hat sie jedoch vor Tieren. Nur den Kanarienvogel und die Hasen ihrer Großeltern schaut sie sich aus sicherer Entfernung an. Von der restlichen Tierwelt will sie offenbar noch nichts wissen.*

Auch mit ihrem älteren Bruder - er kommt aus Indien und wurde ebenfalls von uns adoptiert - versteht sie sich nun sehr gut. Nach anfänglichen Schwierigkeiten unter beiden Kindern, wie Eifersucht und gleichzeitigem Schmusebedürfnis mit ihren Eltern usw., mögen sich beide zwischenzeitlich sehr gerne. Sie spielen und toben zusammen, zanken und streiten, wie es bei leiblichen Geschwistern nicht anders ist. Beide sind in ihrer Art verschieden, Vivian überaus lustig und doch sensibel, MeeRee eher ruhig und etwas robuster. Vielleicht verstehen sie sich deshalb so gut. Vivian - er ist ein Jahr älter als MeeRee - ist immer darauf bedacht, daß seine Schwester nicht zu kurz kommt und gibt ihr, bei Süßigkeiten zum Beispiel, seinen Teil noch ab. MeeRee ist offenbar gerne mit ihm zusammen, denn sie fragt dauernd nach ihm, wenn er mal nicht bei ihr ist.

Heute, nachdem MeeRee schon fast neun Monate bei uns ist, können wir sagen, dass es mit beiden Kindern nicht immer einfach ist, aber wir lieben und mögen beide gleichermaßen herzlich. Wir sind uns sehr sicher und spüren täglich, dass sie uns genauso lieben.

Das Adoptionsverfahren wurde nach MeeRee's Ankunft unverzüglich eingeleitet, das Vormundschaftsgericht wird in Kürze die Adoption aussprechen."

Der Paragraphen-Dschungel lichtete sich, denn eines Tages kam er wirklich, der ersehnte Adoptionsbeschluss!

Mit Datum vom 01. November 1982, also noch knapp vor Ablauf der einjährigen Wartefrist, erhielten wir den Beschluss des Vormundschaftsgerichts. Dem Beschluss war etwa eine Woche zuvor ein umfassender Bericht des Jugendamtes vorausgegangen. Bei einem erneuten Hausbesuch konnte sich die Sozialarbeiterin, die uns mittlerweile schon recht gut kannte, davon überzeugen, dass, wie schon bei Vivian, auch zwischen uns und unserer Tochter ein inniges „Eltern-Kind-Verhältnis" entstanden war. Diesmal kam der Hausbesuch des Jugendamtes erst nach vorheriger Anmeldung zustande und nicht, wie bei Vivian und dem Besuch des Vormundschaftsrichters, völlig überraschend. Aber die Umstände waren bei der ersten Adoption auch anders, weil bei Vivian die latente Gefahr einer „Rückforderung des Kindes" durch ein indisches Gericht bestand.

In seiner Begründung schrieb der Vormundschaftsrichter:
„Die am (Datum) geborene Kim Mee Ree ist ein Waisenkind aus Korea. Die Annehmenden haben vom Bürgermeister der Stadt Seoul als Vormund die unwiderrufliche Erlaubnis zur Auswanderung und zur Adoption des Kindes erhalten.
Seit dem 17.11.1981 befindet sich das Kind im Haushalt der Annehmenden. Mit notarieller Erklärung vom 04.02.1982 vor dem Notar (Name) beantragen die Eheleute die Annahme als Kind auszusprechen und dem Kind einen weiteren Vornamen zu erteilen.
Mit Beschluss vom 18.01.1982 wurde das Jugendamt als Ergänzungspfleger zur Vertretung im Adoptionsverfahren beigeordnet. Das Jugendamt hat dann in der o.g. notariellen Urkunde, vertreten durch Frau (Name), in die Annahme als Kind eingewilligt. Das Amtsgericht-Vormundschaftsgericht ist zum Ausspruch der Annahme als Kind international, sachlich und örtlich zuständig, weil die Annehmenden Deutsche sind und im hiesigen Gerichtsbezirk ihren Wohnsitz haben. Der erforderliche

Antrag ist formgerecht gestellt. Die erforderliche Einwilligung des Kindes liegt vor. Eine Einwilligung der Eltern ist entbehrlich, da deren Identität und deren Aufenthalt dauernd unbekannt ist (§1747 Abs. 3 BGB). Im übrigen wurde den unbekannten Eltern nach koreanischem Recht die Vertretungsmacht des Kindes dadurch entzogen, daß ein Vormund bestellt wurde, der das Kind zur Auswanderung und zur Adoption freigegeben hat.

Aus dem Bericht des Jugendamtes ergibt sich auch, dass die Annahme des Kindes dem Wohle des Kindes entspricht. Die erforderliche Anhörung des Landesjugendamtes ist erfolgt. Bedenken in rechtlicher und tatsächlicher Hinsicht wurden von dieser Seite nicht geäußert. Die Erteilung eines weiteren Vornamens durfte nach § 1757 Abs. 2 BGB erfolgen, da der Name „Mee Ree" nicht typisch geschlechtsbezogen ist."

Die Rechtswirksamkeit trat nur wenige Tage später in Kraft, so dass unsere beiden Kinder nun endgültig den Status eines ehelichen Kindes hatten und die deutsche Staatsangehörigkeit besaßen - letztere sogar mit einem Staatsangehörigkeitsausweis nachweisen können.

116

Nun war alles „wasserdicht" - so dachten wir. Doch ein paar Probleme taten sich noch mit dem Geburtsort von MeeRee auf, denn im koreanischen „Familienbuch als Geburtsurkunde" war als Geburtsort nicht explizit „Seoul" vermerkt, wie das in deutschen Geburtsurkunden der Fall ist. Und so weigerte sich unser Standesbeamter zunächst, in unserem Familienbuch als Geburtsort „Seoul" einzutragen. Erst nachdem wir unserem Notar einige andere Unterlagen und Urkunden vorlegten, aus denen der Geburtsort deutlich hervorging, erging ein weiterer Beschluss des Vormundschaftsgerichts vom 06.12.1982:

„In der Adoptionssache Kim Mee Ree, geb. am (Datum) Waisenkind aus Korea, weiblichen Geschlechts, wohnhaft in (Ort) wird der Beschluss vom 01.11.1981 insoweit ergänzt, wie festgestellt wird, dass das angenommene Kind in Seoul geboren ist. "

Nun endlich konnte auch der Geburtsort unserer Tochter im Familienbuch beim Standesamt vermerkt werden.

Von TdH hatten wir erfahren, dass es möglich ist, eine „Nachbeurkundung eines im Ausland geborenen Kindes" zu beantragen. Zuständig dafür war damals - es war ja

117

noch vor der „Wende" - das Standesamt I in Berlin (West). Hier konnten alle Geburten von im Ausland geborenen deutschen Kindern von einem deutschen Standesamt nachbeurkundet werden, so daß die Eltern des Kindes - oder später auch die erwachsenen Kinder - immer dann, wenn eine Geburts- oder Abstammungsurkunde benötigt wird, eine solche beim Standesamt in Berlin anfordern. Sollten unsere Kinder oder wir also irgendwann einmal eine entsprechende Urkunde benötigen, müssten sie sich nicht mit Kalkutta oder Seoul oder einem der beiden ausländischen Konsulate in Deutschland in Verbindung setzen, sondern mit diesem Standesamt in Berlin.

Klar, dass wir diese Nachbeurkundung mit allen ausländischen Urkunden und Unterlagen, die wir hatten, bei diesem Berliner Standesamt beantragten. Gleichzeitig überwiesen wir die Gebühren für Bearbeitung und die gewünschte Anzahl der Geburts- und Abstammungsurkunden. Nach rund zwei bis drei Monaten lagen die Urkunden im Briefkasten.

Unterm Strich, so stellten wir fest, eine gute Sache, wenn man bedenkt, welche Umstände sich damit vermeiden lassen - Bürokratie kann auch manchmal sehr sinnvolle Blüten im Dschungel der Paragraphen treiben!

KINDER HABEN EIN RECHT AUF ELTERN - AUCH IN DER „DRITTEN WELT"

Nachdem wir vor vielen Jahren - eigentlich sind es ja schon Jahrzehnte - zwei Kinder aus der „Dritten Welt" adoptiert haben und wir während dieser aufregenden Zeit viele neue, manchmal auch unerfreuliche Erfahrungen machen mussten, stellen wir mit dem Wissen von heute rückblickend fest, dass wir vieles was TdH schon damals den Adoptionsbewerbern in einem weiteren seiner zahlreichen Merkblätter mitteilte, bestätigen können:

„Es gehört zum Elend der Kinder in der „Dritten Welt", dass unzähligen von ihnen das Grundrecht auf Eltern versagt bleibt. Tag für Tag werden Tausende zu Waisen, sie werden in der Nähe von Heimen ausgesetzt oder dort abgegeben, weil ihre Eltern darin die letzte Hoffnung für ein Überleben der Kinder sehen.

Krankheit, Unterernährung, hohe Sterblichkeitsraten und fehlende Ausbildung kennzeichnen die Situation in

119

vielen Heimen in der Dritten Welt und das Schicksal der Kinder - von fehlender persönlicher Zuneigung ganz zu schweigen. Deshalb gehört es zu unseren wichtigsten Zielen, den Kindern bestmögliche Hilfe zu geben: Eltern, die sie lieben. Heime sind nicht die Lösung!

Im Idealfall können wir ausgesetzte Kinder zu ihren Familien zurückbringen und die Eltern in der Weise unterstützen, daß sie in Zukunft für sich und ihre Kinder sorgen können.

In vielen Fällen sind die Familien nicht mehr auffindbar oder sie leben in einer Situation völliger Verelendung, gekennzeichnet durch Alkoholismus oder Prostitution.

Wir bemühen uns deshalb um geeignete Adoptivfamilien innerhalb der Geburtsländer der Kinder. Doch wegen der Armut und überkommener religiöser und sozialer Tabus - zudem ist in manchen Ländern Adoption unbekannt - lassen sich dazu bei weitem nicht genügend Familien finden.

So bleibt für viele Kinder als dritte wirksame Hilfe eine Adoption in Deutschland. Die Zahl adoptionswilliger und geeigneter Eltern ist hier größer als die der Kinder, die wir nach unserem Adoptionskonzept in die Bundesrepublik Deutschland vermitteln können. Die Erfahrungen mit der Integration der Kinder sind äußerst positiv. Dennoch halten wir - aus verständlichen Gründen - an unserem Konzept fest, nämlich zuerst zu versuchen, die Kinder in ihre Familien zurückzubringen und den Familien zu helfen, dann Adoptivfamilien innerhalb der Geburtsländer der Kinder zu suchen und erst, wenn sich dies nicht verwirklichen läßt, die Kinder nach Deutschland zu holen. Kinder brauchen Familien - am besten im eigenen Land.

Unsere Anstrengungen, zusammen mit unseren Partnern in den Ländern die Auslandsadoptionen einzubetten in Projekte zur Rückführung verlassener Kinder in ihre Ursprungsfamilien und zur Adoptionsvermittlung im eigenen Land, haben sichtbare Fortschritte gemacht.

Geschulte Teams von einheimischen Sozialarbeitern treiben die Arbeit engagiert voran und entwickeln in Workshops gemeinsame Strategien zur Öffentlichkeitsarbeit, Familienberatung, Vermittlung der Kinder.

INDIEN

Gemessen an den in Indien besonders starken religiösen und sozialen Vorbehalten gegenüber der Adoption von Kindern aus den niedrigsten Kasten hatten unsere Mitarbeiter im Staat Maharashtra erstaunliche Erfolge. Was früher undenkbar war und sich in den Jahren 1978 und 1979 auf wenige Fälle beschränkte, nahm 1980 bereits größere Ausmaße an: Aus 15 Waisenhäusern, die TdH in Maharashtra unterstützt, konnten insgesamt 99 Kinder zur Adoption an indische Familien vermittelt werden.

KOREA

Unsere Partnerorganisation „Holt Children's Services" ist aufgrund eines von ihr aufgebauten Netzes sozialer Dienste bereits seit Jahren in der Lage, monatlich cirka 80 bis 100 Kinder im eigenen Land zur Adoption zu vermitteln. Trotzdem überwiegt die Zahl der Auslandsadoptionen, da nach wie vor jährlich tausende von Kindern von ihren meist ledigen Müttern verlassen werden.

Außerdem betreibt Holt einen intensiven Mütterberatungsdienst mit dem Ziel, der Aussetzung von Kindern vorzubeugen.

WEISST DU NOCH....

Unvergessen sind meiner Frau und mir einige bemerkenswerte Erlebnisse mit unseren Kindern die sich etwa bis zu deren Alter von sieben, acht Jahren ereigneten. Sie sind es wert, erzählt zu werden, denn wären sie es nicht, hätten wir - oder ich zumindest - sie längst vergessen. Bleibende Erinnerungen und die Frage „weißt Du noch"?

DEUTSCHES ESSEN

Vivian war wohl erst zwei, höchstens drei Jahre alt, als wir alle zusammen meine Schwiegereltern in Bayern besuchten und bei dieser Gelegenheit auch die im Nachbarhaus wohnende Schwester meiner Frau. Während meine Frau, MeeRee und ich die Stallhasen meines Schwiegervaters besuchten und MeeRee erste zaghafte Streichelversuche bei den Hasen unternahm, blieb Vivian bei meiner Schwägerin und meinem Schwager. Als wir nach einer guten Viertelstunde zurückkamen, saß Vivian auf dem Schoß meines Schwagers und aß mit großem Appetit Sauerkraut und Rippchen. Immer wieder wollte er eine große Gabel davon haben. Der Anblick eines kleinen indischen Jungen, der ein herzhaftes, typisch deutsches Essen „verdrückt", war eine Augenweide - auch wenn es Stunden später einen „flotten Schuh" verursachte......

REGINA REGENBOGEN

Unsere Kinder waren in den ersten Grundschulklassen, als wir - ungeachtet der schlechten Erfahrungen mit winterlichem Schlittenfahren bei uns zuhause - im Januar 1989 einen Winterurlaub in St. Martin in Österreich verbrachten. Während der Autofahrt nach Tirol hörten unsere Kinder - wie fast immer bei langen Reisen - verschiedene Kassetten mit altersgerechten Hörspielen. Unter anderem hörte MeeRee die Kassette von „Regina Regenbogen" und sang dabei leise ein Lied mit.
Eines Abends wollten unsere Kinder eine „Vorführung" geben. Und so nahmen wir in ihrem Zimmer Platz und lauschten, was „Moderator" Vivian mit seinem Mikrofon ankündigte: Eine junge und begabte Sängerin mit einem Lied aus einem Kindermärchen. Der Kassettenrekorder lief und MeeRee sang herzerweichend mit glasklarer Stimme und deutlich sichtbarer Zahnlücke, aber ohne

einen falschen Ton „Komm Regina in den Regenbogen, vergiss die dunkle Zeit......" alle Strophen auswendig, ohne dabei ihr geliebtes Kuscheltier aus der Hand zu legen. Draußen war es dunkel, sehr kalt und ein starker Wind wehte mit dichtem Schneetreiben. Drinnen aber, in unserer Ferienwohnung, erzeugten Wärme, Kerzenschein und der wunderschöne Gesang unserer Tochter und die ebenso schöne Melodie des Kinderliedes eine Stimmung, die zu Herzen ging. Noch heute bekomme ich feuchte Augen, wenn ich die Filmaufnahmen (mit Ton) von damals sehe und höre......

DIE SCHLANGE

Im Juni 1984 flogen wir zum ersten Mal mit unseren Kindern in Urlaub. Jugoslawien, genauer gesagt Istrien, war unser Ziel. Wir landeten in Pula und wohnten in Rabac in einem ebenerdigen Apartment mit zwei Schlafzimmern. Etwa in der Hälfte des zweiwöchigen Urlaubes hatte Vivian seinen dritten Ankunftstag, den wir bei beiden Kindern zuhause immer wie einen Geburtstag feierten, schließlich wurden wir ja auch an diesen Tagen im Juni und November, jeweils Eltern. Neben einem kleinen Geschenk gab es für Vivian auch ein paar Rosen aus dem heimischen Garten, weil während dieser Zeit immer die Rosen blühten; MeeRee bekam im November andere Blumen. Um diese schöne Gepflogenheit beizubehalten - ein Blumengeschäft gab es weit und breit nicht - „besorgte" ich aus dem großen Hotelgarten drei Rosen, über die sich Vivian wie immer sehr freute.

An diesem Tag unternahmen wir, wie sehr oft nach dem Essen, noch einen Spaziergang auf dem befestigten, aber schmalen Ufer-Promenadenweg. MeeRee und Vivian gingen, leicht versetzt, vor uns. Plötzlich schlängelte sich sehr schnell eine etwa 50cm lange Schlange von links nach rechts über den Weg, genau zwischen Vivian's Beine! Hätte er in diesem Augenblick nicht seinen Fuß gehoben, um einen Schritt zu machen, wären beide unweigerlich zusammengestoßen. Ich war mir ziemlich sicher, dass es sich um eine der wenigen Giftschlangen Europas, eine Kreuzotter handelte; das typische Zick-Zack-Band auf ihrem Rücken war deutlich zu sehen.

Nein, an diesem besonderen Tag sollte er nicht gebissen werden, das verhinderte ein aufmerksamer und fürsorglicher Schutzengel, der sogar während seiner Mittagspause auf ihn aufpasste.

APFELSAFT

Wenige Tage vor einem weiteren Urlaub, es war Herbst
1985, ging MeeRee in den Keller, um eine Flasche
Apfelsaft zu holen. Unsere Kinder wechselten sich beim
„Getränkedienst" immer ab, diesmal war MeeRee an der
Reihe. Während meine Frau und ich in der Küche das
Essen vorbereiteten, hörten wir plötzlich einen lauten
Schlag und MeeRee schreien. Sofort eilten wir in den
Flur und sahen, daß MeeRee auf dem gefliesten Boden
lag und ihr Knie stark blutete. Sie war offensichtlich auf
der letzten Stufe der Kellertreppe gestolpert und mit dem
rechten Knie in die zerbrochene Flasche gefallen. Eine
tiefe Fleischwunde mußte dringend ärztlich versorgt
werden. Nachdem wir MeeRee getröstet, beruhigt und
die Blutung mit einem Druckverband gestillt hatten,
fuhren wir mit ihr umgehend zu unserem damaligen
Hausarzt.

Der noch junge Mediziner wirkte recht unsicher und
nähte nach örtlicher Betäubung den gut zwei Zentimeter
langen „Cut" mit nur einem Stich in der Mitte der
klaffenden Wunde. Eine Woche später sollten wir
wiederkommen zum Fäden ziehen, was aber wegen
unseres gebuchten Urlaubs nicht möglich war.

So kam es, daß ich genau eine Woche später im Zimmer unseres Hotels am Wörther See in Kärnten, in dem wir Zwischenstopp auf dem Weg nach Zadar in Dalmatien machten, nach dem Abendessen das mitgebrachte „Operationsbesteck" auspackte, die verheilte Wunde zunächst desinfizierte und die Fäden selbst zog. MeeRee zeigte sich sehr tapfer und weinte nicht. Im salzigen Meerwasser des anschließenden Badeurlaubes verheilte die Wunde weiter sehr gut, doch blieb wegen der spärlichen Naht bis heute eine deutliche Narbe zurück. Den Arzt haben wir daraufhin gewechselt......

SCHLAGFERTIG

Unsere Kinder waren vielleicht sechs oder sieben Jahre alt, als wir einen Familienurlaub in den Allgäuer Bergen verbrachten. Mit einer befreundeten Familie und deren beiden Kindern, die etwa gleichaltrig mit Vivian und MeeRee waren, wohnten wir jeweils in einer Ferien-wohnung im gleichen Haus und unternahmen viele Dinge gemeinsam.

Eines Tages fuhren wir alle zusammen nach einer ausgiebigen Wanderung mit dem Bus von einem

Berggasthaus zu unserem rund zehn Kilometer entfernten Parkplatz. Vivian und MeeRee saßen zusammen vor uns im Bus und unterhielten sich. Eine ältere Dame, die in der Reihe vor unseren Kindern saß, drehte sich plötzlich um sagte laut und deutlich: „Ihr sprecht aber gut deutsch" - worauf Vivian ebenso laut und deutlich antwortete: „Sie aber auch". Nur mit Mühe konnten wir und einige andere Fahrgäste einen Lachkrampf unterdrücken. Die Dame lächelte ebenfalls - leicht gequält - über diese Schlagfertigkeit und war für den Rest der Fahrt ziemlich still......

SCHÖNE FRAU

Als ich eines Abends aus dem Büro nach Hause kam, erzählte mir meine Frau beim gemeinsamen Abendessen, dass unsere Tochter an diesem Nachmittag „für klare Verhältnisse" gesorgt hatte. Auf dem Nachhauseweg vom Kindergarten machte meine Frau einen kurzen Halt bei einem örtlichen Metzger, um noch schnell etwas einzukaufen, unsere Kinder warteten derweil im Auto. Als sie kurz darauf zurückkam und sich in das Auto setzte, klopfte plötzlich ein fremder Mann an die

Fahrertüre. Nachdem meine Frau die Scheibe etwas herunter gedreht hatte, sagte der Fremde zu ihr: „Sie sind eine wirklich schöne Frau" - worauf unsere Tochter auf der Rückbank ziemlich laut rief: „Meine Mama ist verheiratet". Der Unbekannte hatte offenbar unsere Kinder nicht bemerkt, geschweige denn mit solch massiver „Gegenwehr" gerechnet. Er machte wortlos kehrt und wurde nie mehr gesehen…..

GRENZERFAHRUNG

Ende Juli 1985 fuhren wir mit Vivian zur Bundesgartenschau nach Berlin. MeeRee durfte während dieser Zeit, es waren nur drei oder vier Tage, bei ihren Großeltern in Bayern bleiben. Wir wohnten in einem Hotel in der Innenstadt, besuchten selbstverständlich die Bundesgartenschau und besichtigten im Rahmen einer Stadtrundfahrt auch die Berliner Mauer. Ich glaube, es war auf der hölzernen Aussichtsplattform am Potsdamer Platz, als uns Vivian sinngemäß fragte, warum es hier, mitten in der Stadt, eine hohe Mauer gibt. Er sah ja die vielen bewaffneten Soldaten, die entlang der Grenze patrouillierten und jede Besuchergruppe argwöhnisch mit

Ferngläsern beobachteten. Als vermeintlich alters- und kindgerechte Erklärung, er war ja erst fünf Jahre alt, gab ich zur Antwort, dass auf der anderen Seite auch Leute wie wir wohnen, diese aber nicht zu uns dürfen, weil „böse Männer mit Gewehren und einer hohen Mauer sie daran hindern".

Nur einen Tag später unternahmen wir einen Busausflug nach Ostberlin. An einem der wenigen Grenzübergänge von West- nach Ostberlin musste unser vollbesetzter Bus zunächst etwas warten und alle Fahrgäste ihre Personalausweise sichtbar in der Hand bereithalten für eine Kontrolle durch die Volkspolizei (VoPo). Als es dann soweit war und sich die Türe öffnete, ein Volkspolizist der DDR mit einem energischen „Guten Morgen" grüßte und die „Wessis" unisono wie eine disziplinierte Schulklasse „Guten Morgen" antworteten, fragte Vivian in die nun folgende Stille „Ist das einer von den bösen Männern?"..... Oh je, schlagartig bekam ich Blutdruck, meine Frau wurde fast bleich, denn das konnte peinliche, ja sogar gefährliche Folgen für uns haben. Und so lenkten wir Vivian sofort mit einer Nascherei ab um schlimmeres zu verhindern. Gott sei Dank hatte der Polizist die Bemerkung nicht gehört. Er blieb in der Mitte des Ganges stehen und schaute in die hintere Hälfte des Busses, in der wir saßen. Wohl, weil dort alle Fahrgäste ihre Ausweise brav und sichtbar in die Höhe hielten, gab er sich zufrieden, wünschte einen schönen Tag in der „Hauptstadt der DDR" und verschwand. Mit dem festen Vorsatz, künftige „kindgerechte Antworten" besser zu überlegen, sank auch mein Blutdruck nach dieser innerdeutschen „Grenzerfahrung".

DER REGENSCHIRM

An einem Samstagvormittag im Sommer 1986 war meine Frau mit beiden Kindern in Aschaffenburg unterwegs, während ich etwas anderes in der Stadt erledigte. Recht unvermittelt fing es an, ziemlich heftig zu regnen. Um nicht nass zu werden „flüchteten" die drei in ein großes Einkaufszentrum. Hier wollte meine Frau einen Regenschirm kaufen, weil sie keinen dabei hatte. Als sie den ausgesuchten Schirm der Verkäuferin gab um ihn zu bezahlen, fragte MeeRee laut und deutlich „Hast Du auch den Papa gefragt" - was im Verkaufsraum bei allen Kunden, aber nicht bei meiner Frau, - umgehend für Heiterkeit sorgte…..

MODENSCHAU

Neben meinen Radiosendungen moderierte ich gelegentlich für einen guten Bekannten, der in Aschaffenburg eine Künstler- und Model-Agentur hatte, auch Modenschauen. Im Oktober 1987 war es wieder mal soweit. Meine Frau war übers Wochenende mit MeeRee zur Kommunionfreizeit verreist, Vivian während dieser zwei Tage bei seinen Großeltern in Bayern.

Auf dem Weg nach Großumstadt, wo in der großen Stadthalle die Modenschau stattfand, machte ich kurz Halt bei meinen Schwiegereltern, um Vivian, der schon einen Tag dort war, mal Hallo zu sagen. Beim Abschied fiel er mir um den Hals und weinte, weil er sich dieses Mal bei Oma und Opa wegen eines anderen Besuchers nicht wohl fühlte. Auf meine Frage, ob er denn lieber mit mir zur Modenschau kommen möchte, reagierte er mit einem lauten Freudenschrei. Wenige Minuten später waren seine Sachen gepackt, hatten wir uns verabschiedet und saßen im Auto. In Großumstadt angekommen, war Vivian schon bei den Vorbereitungen zur Modenschau auf und hinter der Bühne, „Back-Stage" sozusagen, bei den vielen schönen jungen Models, Hahn im Korb. Als die Show begann und ich nach großer

Ankündigung samt Lightshow vor rund vier- bis fünfhundert Leuten im Smoking alleine auf die Bühne kam und im Scheinwerferlicht stand, saß unser Sohn in der ersten Reihe neben anderen schönen Frauen, klatschte begeistert und winkte mir zu. Später erfuhr ich, dass er seinen hübschen Nachbarinnen stolz erzählte, dass ich sein Papa sei.

Nach Ende der über zweistündigen Modenschau mit verschiedenen Showeinlagen waren alle Akteure der Veranstaltung - Models, Künstler, Tonmeister, Beleuchter, Aufbauhelfer, Veranstalter und natürlich der Moderator mit Sohn Vivian im Restaurant zum Essen eingeladen. Unser 7-jähriger Sohn aß mit großem Vergnügen gegen 23 Uhr ein Riesenschnitzel mit Pommes Frittes und Salat. Klar, daß Vivian auch hier wieder die schönsten Frauen an seiner Seite hatte….

BILDZEITUNG MIT EIS

Mitte September 1985 fuhren wir frühmorgens mit unserem roten Auto los, um in Zadar in Dalmatien einen zweiwöchigen Urlaub zu verbringen. Weil unsere Kinder noch klein waren, Vivian war fünf und MeeRee vier

Jahre alt, hatten wir etwa auf halber Strecke am Wörther See in Kärnten ein Hotel für eine Zwischenübernachtung gebucht. Dort zog ich MeeRee die Fäden, wie unter der Rubrik „Apfelsaft" beschrieben. Über die bekannten Plitwicer Seen erreichten wir am späten Abend des nächsten Tages unsere Ferienanlage.

Dort verbrachten wir nahezu jeden Tag am Meer. Während meine Frau und ich uns sonnten oder ein Buch lasen, spielten MeeRee und Vivian oft stundenlang im flachen Wasser mit ihrem großen, aufblasbaren Krokodil und ihrer Schildkröte. Etwa um die Mittagszeit gingen MeeRee und ich regelmäßig Hand in Hand zurück zur Anlage, um eine Bildzeitung (eine andere gab es nicht) für mich und ein Eis für sie zu kaufen. Darauf freute sie sich immer sehr.

Einmal waren wir auf halber Strecke des fast 20-minütigen Weges zurück zum Strand, als ihr beide Eiskugeln herunterfielen und sie gleich darauf bitterlich weinte. Weil ihr das Laufen auf dem fein geschotterten Weg sehr unangenehm war und wir häufig Halt machen mussten wegen kleiner Kieselsteine in ihren Sandalen, sie zudem immer noch weinte, nahm ich sie kurzerhand auf meine Schultern und ging zurück zur Anlage. Sofort hörte sie auf zu weinen. MeeRee strahlte, als sie ein neues Eis bekam und sie, immer noch auf meinen Schultern sitzend, ohne Zwischenfälle auf dem Rückweg ihr leckeres Eis essen konnte. Dass sie sich zwischendurch immer wieder mal nach vorne neigte, um ihren schwitzenden Papa vom Eis kosten zu lassen, rechnete ich ihr hoch an. Die Bildzeitung trug sie mit der freien Hand sehr gerne….

PIZZA ESSEN

Im Oktober 1987, unsere Kinder waren sechs und sieben Jahre alt, hatten wir einen einwöchigen Urlaub während der Herbstferien in Graubünden in den Schweizer Bergen gebucht. Täglich waren wir sehr aktiv, wanderten viel oder besichtigten Sehenswürdigkeiten oder eine Stadt, wenn das Wetter mal nicht so schön war. Wohl deshalb schliefen Vivian und MeeRee abends wie die „Jünger am Ölberg" friedlich in ihrem separaten Zimmer. Am zweiten oder dritten Abend gingen meine Frau und ich abends gegen 20 Uhr nochmal in das Hotel-Restaurant, um ein Glas Wein zu trinken. Unsere Kinder wussten Bescheid, vor dem Zubettgehen durften sie noch ein wenig fernsehen. Wir konnten uns darauf verlassen, dass sie - wie abgesprochen - pünktlich ins Bett gingen. Der Abend verlief ruhig, bis gegen 22 Uhr plötzlich die Türe aufging und Vivian mit Schlafanzug und Bademantel vor uns stand. Noch heute fragen wir uns, wie unser Sohn den Weg vom Zimmer über den Fahrstuhl und verwinkelte Gänge zu uns fand; er war ja erst sieben Jahre alt, konnte noch nicht gut lesen und war vorher nur ein paarmal in diesem Raum gewesen. Nachdem wir von ihm erfuhren, dass seine Schwester tief und fest schlief, wollte er noch etwas essen. Seine Wahl fiel auf Knoblauchpizza. Zwischendurch eilte ich im Abstand von etwa 20 Minuten immer wieder auf's Zimmer, um nach MeeRee zu schauen. Manche Gäste des gut besuchten Restaurants staunten nicht schlecht, als er die ganze Pizza gegessen hatte und noch eine haben wollte; wiederum „Pizza con aglio", also mit Knoblauch, und auch diese gänzlich verdrückte. Auch wir trauten unseren Augen nicht.

Am nächsten Tag hielten wir bei der Wanderung zur Senjeshütte alle ziemlich großen Abstand zu Vivian. Sogar die sonst sehr aufdringlichen Bergdohlen flogen seltsamerweise an unserer kleinen Gruppe achtlos vorbei. Zuviel Knoblauch macht eben doch einsam......

BINGO

Im April 1988 verbrachten wir in den Osterferien einen zweiwöchigen Urlaub auf Mallorca. Wir hatten ein kinderfreundliches Hotel gebucht, in dem nach dem Abendessen fast immer ein paar Spiele für Familien stattfanden, bei denen es oft kleine Preise zu gewinnen gab. Eines Abends stand wieder einmal „Bingo" auf dem Programm. Unsere Kinder wollten zusammen einen Spielschein haben, meine Frau und ich hatten jeweils auch einen. Im vollbesetzten Foyer rollte die Kugel und jeder Spielteilnehmer freute sich, wenn eine seiner Zahlen gezogen wurde. Nach geraumer Zeit ergab es sich, dass mehrere Leute nur noch eine Zahl benötigten um zu gewinnen und dann sofort laut und vernehmlich „Bingo" zu rufen. Unter anderem auch meine Frau und unsere Kinder. Die nächste Zahl brachte die Entscheidung: Vivian und MeeRee riefen sofort wie aus einem Munde „Bingo" - sie hatten tatsächlich gewonnen und bekamen….. eine große Flasche spanischen Sekt.
Beide gingen sie zur Bühne, um unter dem Applaus der vielen Urlauber den Sekt abzuholen. So groß die Freude über den Gewinn auch war, etwas für Kinder wäre ihnen lieber gewesen, das merkten wir später dann doch, als

wir in unserem Zimmer waren. Schnell war eine Lösung gefunden: Vivian und MeeRee schenkten uns ihren „Hauptgewinn" und durften sich dafür etwas anderes von uns wünschen. So kam es, daß wir am nächsten Tag mehrere Runden Minigolf mit ihnen spielten…..

DER MARDER

Nach Erledigung seiner Schulaufgaben spielte Vivian in den Sommermonaten mit einem Jungen, der nur ein paar Häuser weiter wohnte, sehr häufig Softball. Beide Jungs waren etwa acht oder neun Jahre alt. Die Stichstraße in der sie spielten, befindet sich am Ortsrand und endet unmittelbar an einem kleinen Wald mit hohen Bäumen, Büschen, Gestrüpp und unzähligen dichten Hecken. Bis auf das Haus der Familie des Jungen standen dort noch keine Häuser. Es dämmerte schon leicht und die Jungs spielten noch, als plötzlich ein ausgewachsener Marder aus dem Gebüsch sprang, blitzschnell bei Vivian am Bein hochkletterte und sich am Oberarm festbiss und nicht mehr von ihm abließ.

Durch die Schreie der beiden Jungs alarmiert, eilte der Vater des Nachbarjungen aus dem Haus, erkannte die

Situation sehr schnell und nahm einen der Softball-Schläger, die auf dem Boden lagen, und schlug auf den Marder ein, bis dieser auf den Boden fiel. Dort verendete er nach ein paar weiteren Schlägen recht schnell. Meine Frau informierte mich im Büro, worauf ich sofort nach Hause eilte. Vivian war Gott sei Dank nahezu unverletzt. Sein Anorak, den er nur kurz zuvor angezogen hatte, war leicht gefüttert und hatte einen Durchbiss verhindert. Unverzüglich fuhr meine Frau mit ihm zur Hausärztin, die nur eine Hautrötung am Oberarm feststellte, trotzdem aber ein Medikament gegen Tollwut verschrieb und die Bissstelle gründlich desinfizierte.

Zwischenzeitlich hatte ich die Polizei informiert, die den toten Marder mit Handschuhen anfasste und in eine Plastiktüte steckten, um ihn zum Veterinäramt zur Untersuchung auf Tollwut zu bringen. Nach einer guten Woche erfuhren wir, daß das Tier tatsächlich Tollwut hatte!

Manchmal wohnen Engel auch in der Nachbarschaft......

DISKRIMINIERUNG

Ja, es gibt sie wirklich - immer noch und immer wieder! Nicht wir, sondern unsere Kinder bekamen sie zu spüren - im Kindesalter, als Jugendliche und auch heute noch, als Erwachsene.

Viele Beispiele könnte ich erzählen. Und doch wären es nur solche, von denen unsere Kinder uns etwas erzählten. Meine Frau und ich, wir beide sind uns sehr sicher, dass weder Vivian noch MeeRee uns alles mitteilten, was sie tagsüber im Kindergarten, in der Schule, beim Sport und in der Freizeit kränkte, beschämte und beleidigte. Manch bissige Bemerkung gegen unsere Kinder konnten wir zuhause etwas relativieren, weil sie vermutlich mehr aus Unwissenheit als aus reiner Boshaftigkeit gesagt wurde.

Während ihrer Kindergartenzeit erfuhren oder merkten wir so gut wie gar nichts von abfälligen Bemerkungen über das fremdländische Aussehen unserer Kinder. Exemplarisch hierfür ist die Frage eines anderen Kindes an unsere Kinder, ob wir denn auch ihre „richtigen Eltern" wären. Solch kindliche Neugier kann man nachsehen, Beleidigung hingegen nicht.

Um diesen und ähnlichen Fragen vorzubeugen, hatten wir Vivian und MeeRee schon im Alter von etwa drei Jahren erklärt, weshalb sie anders aussehen als wir. Von ihren leiblichen Eltern oder der „Bauchmutter" sprachen wir - nicht nur bei diesem ersten „Aufklärungsgespräch" - immer voller Achtung und großer Dankbarkeit, weil sie aus Liebe zu ihrem Kind und wegen großer Not so handelten oder handeln mußten.

Die Frage einer ehemaligen Nachbarin an mich nach der Herkunft von Vivian und MeeRee mit den Worten „Was haben deine Kinder denn für eine Mentalität?" verbuchte ich unter der Rubrik „schlichtes Gemüt" und korrigierte in meiner Antwort bewußt das Wort „Mentalität" mit „Nationalität" was von ihr offenbar noch nicht einmal bemerkt wurde. Ob sie Indien und Süd-Korea richtig einzuordnen wusste, wage ich zu bezweifeln. Aber es war bestimmt nicht böse oder abfällig von ihr gemeint. Manche Leute waren - und sind es vermutlich immer noch - mit dem Thema „Adoption von Kindern aus der Dritten Welt" überfordert, weil sie einfach zu wenig oder gar nichts darüber wissen, was durchaus verständlich ist. Die erste Wahrnehmung einer unbekannten Person reduziert sich bei fast allen von uns auf das Äußerliche, obwohl wir mit dieser Person noch kein Wort gesprochen haben. Und weil unsere Kinder nun mal „exotisch" und „fremdländisch" aussehen, landen sie fast automatisch in der Schublade „fremd" obwohl doch beide hier, in Deutschland, aufgewachsen sind, sozialisiert wurden und in mancher Hinsicht deutscher sind als viele Deutsche.

An die vielen kleinen und großen Diskriminierungen mussten sich unsere Kinder im Laufe der Jahre leider gewöhnen. Wenn zum Beispiel niemand in einem vollbesetzten U-Bahn-Waggon kontrolliert wird außer unserem Sohn oder unserer Tochter - wenn Leute ohne ersichtlichen Grund ihren Sitzplatz wechseln, sobald sich Vivian mit seiner Bürotasche unterm Arm neben sie setzt - wenn nur MeeRee mit dem Fahrrad kontrolliert wird, alle anderen Radfahrer rings um sie herum aber weiterfahren dürfen und, und, und - fragt man sich schon, ob das alles nur „Zufall" oder doch schon Diskrimierung ist.

Gut erinnere ich mich an den Hilferuf unserer Tochter, weil sie in Berlin dringend eine neue Wohnung suchte und als „ausländische Studentin" unzählige Male nur Absagen erhielt. Erst als ich über Nacht mit der Bahn anreiste, um Samstags vormittags, wo die allermeisten Wohnungsbesichtigungen stattfinden, gemeinsam mit ihr Wohnungen anschaute, ich dem Vermieter ihrer favorisierten Wohnung meine Bürgschaft für gesicherte Mietzahlung zusagte und einen Einkommensnachweis als Beamter vorlegte, erhielt ich noch während der Rückfahrt im ICE telefonisch die Zusage für MeeRee. Noch heute klingen mir ihre Worte beim Abschied am Hauptbahnhof im Ohr: „Ohne Dich hätte ich die Wohnung nie bekommen". Es macht gleichermaßen nachdenklich und traurig, dass man so etwas von seiner erwachsenen Tochter hören muß, nur weil sie anders aussieht als „wir"…..

Nachdenklich machte uns außerdem ein Erlebnis im Urlaub in Dalmatien im Sommer 1984, in dessen Verlauf Vivian auch seinen dritten Ankunftstag feierte (siehe auch Kapitel „Die Schlange").

Wenige Tage nach unserer Ankunft saßen meine Frau und ich abends auf der Terrasse unseres Apartments und tranken bei Kerzenlicht noch ein Glas Wein. Unsere Kinder schliefen schon. Von der benachbarten Terrasse, die durch eine Trennwand und dichte Büsche von unserer getrennt und nicht einsehbar war, vernahmen wir die Stimmen unserer Nachbarn - einem jungen Ehepaar. Sie wußten bestimmt nicht, dass ausgerechnet wir nebenan wohnten. Und so wurden wir ungewollt Zeugen einer Unterhaltung, in deren Verlauf unsere Zimmernachbarin sinngemäß meinte, daß „die Leute mit den fremden Kindern ihren Auftritt beim Abendessen jedesmal genießen. Sie wirken schon ein wenig eingebildet, wenn sie ins Restaurant kommen, nur weil sie die Kinder angenommen haben".....

Wortlos und tief betroffen verließen wir auf Zehenspitzen die Terrasse und unterhielten uns im Zimmer noch lange über das soeben unfreiwillig Gehörte. Ja, natürlich bemerkten wir manche Blicke, wenn wir ins Restaurant kamen. Blicke, die zwischen uns und unseren Kindern hin und her wanderten, weil da offensichtlich etwas nicht zusammenpasste. Wenn ein europäisch aussehendes „weißes" Ehepaar mit zwei exotischen Kindern an der Hand einen Raum mit vielen fremden Menschen betritt, ist es zunächst für die Augen der Betrachter ungewöhnlich, mag sein.

Das aber war uns damals überhaupt nicht bewusst, nicht im geringsten! Unsere Kinder waren einfach nur unsere Kinder - sie waren für uns niemals „anders", nur weil sie fremdländisch aussahen. Und so fanden wir für die aus heutiger Sicht durchaus diskriminierende Bemerkung unserer Nachbarn sogar noch ein wenig Verständnis. Kein Verständnis hingegen hatten wir für die Äußerung, dass wir uns auf die Annahme von fremdländischen Kindern etwas einbilden würden - das haben wir nie!

Mit verstärkter Freundlichkeit und etwas Charme unseren Nachbarn gegenüber reagierten wir sehr wahrscheinlich richtig, denn sie grüßten von nun an immer sehr freundlich, wenn sie uns sahen oder trafen……

Sehr gut erinnere ich mich, daß ich bei diesem Erlebnis unwillkürlich an Goethes Worte denken mußte: „Schnell ist die Jugend mit dem Wort, was doch schwer sich handhabt wie des Messers Schneide."

ZEITRAFFER

Nun, da die wahre Geschichte über die abenteuerliche Zeit der Adoption unserer beiden Kinder fast zu Ende ist, bleibt noch eine Frage offen:

Was ist aus beiden Kindern geworden? Was wurde aus dem kleinen „Master Vivian" aus Kalkutta, der im Alter von 15 Monaten völlig überraschend in Frankfurt wie „vom Himmel fiel", und was wurde aus der kleinen „Kim Mee Ree" mit den schönen Mandelaugen, die mit 10 Monaten aus Süd-Korea über den eisigen Nordpol fliegen musste um zu uns zu kommen? Im Extrem-Zeitraffer beantwortet: Gutes! Es ist wirklich Gutes aus ihnen geworden:

Beide hatten - zumindest aus unserer Sicht - eine überwiegend schöne Kindheit und Jugend mit vielen kleinen und großen Abenteuern, bleibenden Eindrücken von zahlreichen Reisen in andere Länder, ein gemütliches und behagliches Zuhause mit einem lauschigen Garten, mit vielen Freunden und - wie wir glauben und hoffen - mit guten und fürsorglichen Eltern. Dass es manchmal auch stressige Zeiten gab, weil elterliche Ansichten und Regeln als zu autoritär empfunden wurden, soll nicht unerwähnt bleiben. Aber auch das ist in einer Familie völlig normal und hat uns allen, zumindest auf Dauer, nicht geschadet.

Mittlerweile sind beide längst erwachsen, haben studiert und gute Berufe. Und - zweifache Großeltern sind wir mit großer Freude auch geworden. Kurzum, Vivian und MeeRee stehen auf eigenen, festen Füßen und haben ihren Platz im Leben und in der Welt gefunden. MeeRee lebt mit ihrer Familie in einer liberal geprägten Stadt an der amerikanischen Westküste, Vivian mit seiner Freundin in einer deutschen Großstadt.

Übrigens: Die von vielen Wissenschaftlern häufig diskutierte Frage, ob die Entwicklung eines Kindes stärker vom „sozialen Umfeld" oder mehr von „genetischer Veranlagung" beeinflusst wird, können auch wir nicht beantworten, weil wir auf „genetische Veranlagung" ja keinen Einfluß hatten. Wenn man aber „soziales Umfeld" mit Liebe, Geborgenheit, Zuwendung und Wertschätzung definiert, dann haben wir die Antwort für uns längst gefunden: Es sind nämlich gute, liebenswerte, hilfsbereite, sympathische und wertvolle Menschen aus unseren Kindern geworden - aus „Madad und Mimai"......

ZUFALL

„Zufällig" ist mein Buch heute, am 14.01.2018 fertig geworden. Ebenfalls heute fliegt Vivian mit Freundin zum ersten Mal in seinem Leben zurück nach Kalkutta, ins Waisenhaus von Mutter Teresa. Er kommt „zufällig" zurück am Geburtstag seiner Schwester MeeRee.

Vor wenigen Monaten fanden Vivian und seine Freundin im Internet heraus, dass ein gleichaltriger Junge aus dem Waisenhaus als Kleinkind von einem italienischen Ehepaar adoptiert wurde. Er lebt in Rom und verbringt nahezu jedes Jahr mehrere Wochen als ehrenamtlicher Helfer im Waisenhaus. Ohne jede Absprache kam er „zufällig" nur wenige Stunden nach Vivian in Kalkutta an, wo sich beide zum ersten Mal im Waisenhaus trafen.

PS: Heute, am Samstag 20. Januar 2018 konnte Vivian im Waisenhaus seine Akte einsehen und erfuhr, dass er nur wenige Tage nach seiner Geburt im Waisenhaus abgegeben wurde....... „zufällig" an meinem Geburtstag!

„Da oben" dreht wirklich jemand am Rad........

FSC
www.fsc.org

MIX

Papier | Fördert
gute Waldnutzung

FSC® C083411

Zeitfracht Medien GmbH
Ferdinand-Jühlke-Straße 7
99095 Erfurt, Deutschland
produktsicherheit@kolibri360.de